Zur Bedeutung der urheberrechtlichen Vergütungspflicht
von kultischer Kirchenmusik in Deutschland

ADNOTATIONES IN IUS CANONICUM

Hrsg. von Elmar Güthoff und Karl-Heinz Selge

Band 33

PETER LANG
Frankfurt am Main · Berlin · Bern · Bruxelles · New York · Oxford · Wien

Christian Kröber

ZUR BEDEUTUNG DER URHEBERRECHTLICHEN VERGÜTUNGSPFLICHT VON KULTISCHER KIRCHENMUSIK IN DEUTSCHLAND

PETER LANG
Europäischer Verlag der Wissenschaften

Bibliografische Information Der Deutschen Bibliothek
Die Deutsche Bibliothek verzeichnet diese Publikation in der Deutschen Nationalbibliografie; detaillierte bibliografische Daten sind im Internet über <http://dnb.ddb.de> abrufbar.

Zugl.: Potsdam, Univ., Diss., 2004

517
ISSN 0946-9176
IBN 3-631-52835-3

www.peterlang.de

Johannes Overath
gewidmet

Benutzerhinweis: Paragraphenzeichen (§) ohne Zusatz eines Gesetzes verweisen auf das Urheberrechtsgesetz (UrhG).

Inhaltsverzeichnis

1.0 Einleitung

Roman Herzog hat 1989 als Präsident des Bundesverfassungsgerichts daran erinnert, „daß sich Artikel 14 GG auch auf das geistige Eigentum erstreckt, daß es, wie man das verfassungsrechtlich ausdrückt, in den Schutz- oder Anwendungsbereich des Eigentumsgrundrechts fällt.“[1] Für die verfassungsrechtliche Anerkennung des geistigen Eigentums war entscheidend, daß „die vermögenswerten Rechte des Urhebers durch Arbeit und Leistung erworben zu werden pflegen und daß es in einem Staat wie dem unseren eben nicht angeht, den Menschen um den Ertrag seiner beruflichen Leistung zu bringen.“[2] Ebenso erinnerte Herzog daran, daß das Bundesverfassungsgericht „nicht bereit gewesen ist, jede auch nur halbwegs denkbare Nutzung urheberrechtlich geschützter Leistungen vor gesetzgeberischer Ausgestaltung, ja selbst vor gesetzgeberischen Eingriffen zu bewahren ..., so schwer es ... dem Bundesverfassungsgericht mitunter werden mag, die geeigneten Maßstäbe der Grenzziehung zu finden.“[3] Diese das Eigentum des Einzelnen zugunsten der Interessen der Allgemeinheit einschränkende Grenze gehöre „zu den wesentlichen Eigenschaften geistigen Schaffens.“[4] Denn um wirken zu können, müsse dieses Schaffen öffentlich werden und gerade wenn es wirksam geworden sei, gehöre es irgendwie auch zum kulturellen Standard dessen, was man früher einmal Bildung genannt habe. „Es kann deshalb nicht im Ansatz falsch sein, wenn der Gesetzgeber Sorge für seine ungehinderte Vermittlung trägt, vor allem auch im Bildungswesen. Unsere Gesellschaft lebt ihren ganzen Konstitutionsprinzipien nach von der freien Konvertibilität der Gedanken und Ideen, und der Urheber, der sich in diesen Austauschprozeß hineinbegibt, muß auch wissen, daß er sich daraus nicht mehr beliebig zurückziehen kann.“[5]

Dem Grundrecht am geistigen Eigentum, liegt ein langer rechtstheoretischer Entwicklungsprozeß zugrunde, der im kontinentaleuropäischen Kulturraum zu der mit wenigen Ausnahmen allgemein anerkannten Lehre vom

---

[1] Herzog, S. 3
[2] a.a.O., S. 5
[3] a.a.O., S. 8
[4] a.a.O., S. 8
[5] a.a.O., S. 9

geistigen Eigentum führte.[6] Findung, Begründung und Durchsetzung dieses Begriffs sind Teil der europäisch-westlichen Zivilisation, die auf Rationalität, Logik und Erfahrung beruht und als Organisation sozialen Lebens das Beste hervorbringt.[7]

Zunächst ging es in der Zeit der Aufklärung darum, das Recht des Urhebers im lange Zeit ungeklärten Beziehungsgeflecht vom Werk als Ausdruck der Persönlichkeit des Autors, als Veröffentlichungsleistung und Handelsware des Verlegers, als Gegenstand des unberechtigten Büchernachdrucks[8] und schließlich als Interessengegenstand der Allgemeinheit philosophisch und rechtstheoretisch zu durchdringen. Entscheidend war hier der Gedanke der naturrechtlichen Philosophie der Aufklärung, das Werk dem Autor aus der „Natur der Sache“[9] zuzuerkennen: Werke „sind gleich ursprünglich ein wahres Eigenthum ihres Verfassers, so wie ein jeder das, was seiner Geschicklichkeit und seinem Fleisse sein Daseyn zu verdanken hat, als sein Eigenthum ansehen kann.“[10] Diese theoretische Verselbständigung des Rechts des Autors veranlaßte schließlich die Politik zu einer eigenständigen urheberrechtlichen Gesetzgebung, die die Werke des Urhebers stets als gesellschaftlich, d.h. zu allererst wissenschaftlich und kulturell relevant begriff und schützte und zugleich die dem Autorenrecht widerstreitenden Ansprüche des Gemeinwohls und – moderner ausgedrückt – des Verbrauchers[11] durch die Beschränkung der urheberrechtlichen Verwertungsrechte[12] in einen rechtssystematisch tragfähigen Ausgleich brachte. Dieser Ausgleich wird vom Bundesverfassungsgericht generell in Analogie des Art. 14 Abs. 2 GG[13] und speziell durch einen besonderen Beweggrund, den „sozialen Bezug des geistigen Eigentums“[14] gerechtfertigt, der „allerdings vom Gesetzgeber und von den Gerichten im Einzelfall konkretisiert“[15] werden muß. Da es sich bei solchen sozialgebundenen Beschränkungen um ent-

---

6 Umfassend, auch Ablehnungen des Begriffs einbeziehend: Kreile

7 Schumpeter 1993, S. 199 f.

8 Schricker/Vogel, 2. A., Einl. Rdnr. 52-59

9 Schricker/Vogel, 2. A., Einl. Rdnr. 62

10 Johann Stephan Pütter, Der Büchernachdruck nach ächten Grundsätzen des Rechts geprüft, 1774; zit. nach Schricker/Vogel, Einl. Rdnr. 62

11 Wandtke, UFITA 123, S. 9

12 §§ 44 a–63 a

13 „Eigentum verpflichtet. Sein Gebrauch soll zugleich dem Wohle der Allgemeinheit dienen.“

14 BVerfGE 49, 382 (394) *Kirchenmusik*

15 Kreile, S. 258

schädigungsfreie Eigentumsbegrenzungen handelt, „stehen einmal die Maßstäbe der Grenzziehung im Mittelpunkt des Interesses, zum anderen die Frage, ob die Prinzipien, die bei der Ziehung der Grenzen des geistigen Eigentums zugrunde gelegt werden, diese Symmetrie zu den anderen Eigentumsformen einhalten."[16] An die Belastung des Urhebers ist also ein strenger Maßstab anzulegen, wie die ständige Rechtsprechung des Bundesverfassungsgerichts unmißverständlich deutlich macht. Das grundgesetzlich garantierte Rechtsinstitut des geistigen Eigentums hat in der unvermeidlichen, gesellschaftlich hart umkämpften Auseinandersetzung um seinen pekuniären Wert in seiner marktwirtschaftlichen Nutzungssphäre in der Rechtsprechung des Bundesverfassungsgerichts einen ausgleichenden, über kurzfristige, parteiliche Vorteilsinterpretationen weit hinausreichende erkennende Autorität gefunden.

In einer wegweisenden Verfassungsbeschwerde von Autoren gegen die ‚Enteignung' ihrer Vergütungsansprüche für die Wiedergabe ihrer Werke im Gottesdienst, wie § 52 Abs. 1 Nr. 2 2. Halbs. (1965)[17] bestimmt hatte, hat das Bundesverfassungsgericht am 25.10.1978 entschieden, daß die gesetzliche Bestimmung, wonach die öffentliche Wiedergabe eines geschützten Werks bei Gottesdiensten erlaubnisfrei zulässig war, nicht gegen das Grundgesetz verstoße; daß aber die Bestimmung, wonach die Wiedergabe von urheberrechtlichen Vergütungsansprüchen freigestellt wurde, der Eigentumsgarantie des Art. 14 Abs. 1 Satz 1 GG widerspreche.[18] Damit ist die verfassungsrechtliche Garantie des geistigen Eigentums in diesem relevanten Bereich des Aufführungsrechts vom höchsten deutschen Gericht erheblich gestärkt worden.

Die Kirchen haben in dem für sie zentralen Bereich des Aufführungsrechts – und die Darstellung des für die Einordnung der Urheberrechte in den gesellschaftlichen Gesamtzusammenhang vorbildlichen Prozesses wird einen Schwerpunkt dieser Arbeit darstellen – die Rechtsposition des geistigen Eigentums gestärkt. So haben die katholische und die evangelischen Kirchen schon in den fünfziger Jahren des vorigen Jahrhunderts, also längst vor der gesetzlichen Verpflichtung, freiwillig für die Aufführung von urhe-

---

16 Kreile, S. 258

17 M. Schulze, S. 619

18 BVerfGE 49, 382 *Kirchenmusik*

berrechtlichen Werken Zahlungen an die in der Verwertungsgesellschaft GEMA vertretenen Autoren und Musikverleger geleistet.

Mit dieser Anerkennung des Wertes der Leistungen schöpferischer Menschen im kirchlichen Raum haben die Kirchen in Deutschland eine urheberrechtliche Vorbildfunktion inne. Wie keine zweite gesellschaftliche Gruppierung hätten sie sich auf ihre verfassungsrechtliche Sonderstellung berufen können. Daß dies nicht geschehen ist, liegt an dem großen Respekt der Kirchen vor geistigem Schaffen, das „im wahrsten Sinne des Wortes nicht nur bereits vorhandenes Geistesgut darstellt“[19], sondern zum Wesen eines sich selbst entfaltenden individuellen Geistes gehört.

Die vorliegende Arbeit will aufzeigen, daß das geistige Eigentum im Ausgleich der Interessen von Urheber und Allgemeinheit zwar eingeschränkt werden kann, die Privilegierung der Öffentlichkeit aber dort ein Ende haben muß, wo die materiellen Interessen der schöpferischen Menschen unangemessen benachteiligt werden.

---

[19] Overath 1994, S. 486

2.0 Die kultische Kirchenmusik in ihrer Abgrenzung zur geistlichen Musik allgemein

2.1 Zum Inhalt der Terminologie

Die Erörterung der zu behandelnden Materie setzt zunächst einige begriffliche Klärungen voraus. Der frühere Kölner Hochschullehrer Heinrich Lemacher, der mehr als eine Generation von Kirchenmusikern und Kirchenmusik-Komponisten prägte,[20] definiert in seinem Artikel „Geistliche Musik" im Lexikon für Theologie und Kirche diesen weiten Begriff, innerhalb dessen die Kultische Musik abzugrenzen ist, folgendermaßen: „Geistliche Musik umfaßt die liturgische Musik (Kirchenmusik), vor allem aber geistliche Musik im engeren Sinn des Wortes, im Gegensatz zur weltlichen Musik auch religiöse Musik genannt (geistliche Oper, geistliches Oratorium, Kantate, Lied, Hausmusik, Instrumentalmusik). Geistliche Musik ist bestimmt durch religiöse Texte, kirchliche Themen oder freien religiösen Ausdruck."[21]

Historisch kann man in Europa seit den geistlichen Liedern des Mittelalters in den jeweiligen Landessprachen eine Entwicklung der Geistlichen Musik beobachten, die sich ganz bewußt nicht innerhalb der liturgischen Feiern vollzieht, sondern eher dem religiösen Brauchtum oder den Andachten und mannigfachen Frömmigkeitsübungen zugerechnet werden muß.[22] So war zum Beispiel die Geistliche Musik bei den Andachten des Filippo Neri (1515-1595) im Gebetsraum (Oratorium) neben der römischen Chiesa Nuova die wesentliche publikumswirksame Attraktion. Nachdem Neri 1575 die „Congregazione dell'Oratorio" gegründet hatte, setzte der Bedeutungswandel des Begriffs Oratorium von einem Raum-Typus hin zu einem mu-

---

20 Die von Heinrich Lemacher (1891–1966) begründete und später von Hermann Schroeder (1904-1984) weitergeführte „Harmonielehre" (Köln 1958) sowie das von beiden herausgegebene Lehrbuch des Kontrapunktes (Mainz 1950) gehörten in der zweiten Hälfte des 20. Jahrhunderts zur Standardausrüstung der musikalischen Ausbildung in Deutschland.

21 Lemacher, Art. *Geistliche Musik*. In: LThK, 2. A., Sp. 623

22 Suppan, Das geistliche Lied in der Landessprache. In: Fellerer 1972, S. 354 ff.

sikalischen Gattungsbegriff ein.[23] „Emilio de' Cavalieri (1559 – 1602) schuf mit seiner Rappresentazione di anima e di corpo die geistliche Oper und das dramatische Oratorium aus der Verbindung motettischer Chorsätze mit solistischen Abschnitten und mit den neuen Mitteln der Monodie."[24] Die biblischen Oratorien und Passionen führen in den folgenden Jahrhunderten die geistliche Musik auf einen Höhepunkt ihrer Entwicklung. Eine Fülle von musikalischen Formen entsteht: Solomotetten und geistliche Madrigale, Kantaten, das Sololied, geistliche Zyklen wie zum Beispiel Paul Hindemiths „Marienleben", Liedkantaten und geistliche Instrumentalmusik wie die sogenannten Mysteriensonaten (Rosenkranz-Sonaten) eines Heinrich Ignaz Franz Biber bis hin zu konzertanten Großformen von ursprünglich liturgischen Kompositionsformen wie zum Beispiel das Requiem von Giuseppe Verdi. In der jüngeren Vergangenheit lassen sich die Psalmensymphonie von Igor Strawinsky ebenso zur geistlichen Musik rechnen wie die Genres der Spirituals und Gospels mit ihren jeweiligen Verzweigungen.

Wenn jedoch jede Musik mit freiem religiösen Ausdruck bereits zur Geistlichen Musik im weiteren Sinne gezählt werden kann, wird deutlich, daß schon allein der in sich ebenfalls reich schillernde Begriff der Kirchenmusik[25] bereits eine erste große zielführende Einschränkung der Geistlichen Musik im Sinne der Fragestellung bedeutet. Ebenso folgenreich wie scheinbar naheliegend einfach lautet die Definition des katholischen Musikwissenschaftlers Karl Gustav Fellerer: „Die Kirchenmusik ist die für den liturgischen und außerliturgischen Gottesdienst bestimmte Musik. Im Gegensatz zur Geistlichen Musik, die sich auch im weltlichen Raum entfaltet, ist die Kirchenmusik den kirchlichen Gesetzen unterworfen und als Liturgische Musik aufs Engste mit der Liturgie verbunden."[26]

Der evangelische Musikwissenschaftler Walter Blankenburg definiert die katholische Auffassung von Kirchenmusik mit Fellerer deckungsgleich, wenn er sagt: „Unter katholischer Kirchenmusik wird sowohl die den eigentlichen liturgischen Handlungen (actiones liturgicae, zum Beispiel Mes-

---

23 Gruber, Die geistliche Musik. In: Fellerer 1976, S. 133

24 Lemacher, a.a.O.

25 Es verwundert daher nicht, daß bedeutende Großlexika wie „The New Grove Dictionary of Music and Musicians" (1980) ebenso wie „Die Musik in Geschichte und Gegenwart" (1955) ganz auf ein Stichwort „Sacred Music" bzw. „Kirchenmusik" verzichten.

26 Fellerer, Art. *Kirchenmusik.* In: LThK, 2. A., Sp. 233

se, Offizium) zugeordnete Musik als auch jene verstanden, welche bei den übrigen Gottesdiensten (pia exercitia, zum Beispiel Andachten) zum Vortrag gelangt. Sie wird wesentlich bestimmt durch ihre unmittelbare Bindung an die Liturgie im engeren und weiteren Sinne. ...“ [27]

Blankenburg zitiert dann im Gegensatz zur evangelischen Auffassung von Kirchenmusik als näheres und verbindliches Charakteristikum der katholischen Kirchenmusik-Auffassung den Artikel 112 der Liturgiekonstitution des II. Vatikanischen Konzils vom 4.12.1963, wo es heißt: Die Kirchenmusik „ist ausgezeichnet unter allen übrigen künstlerischen Ausdrucksformen vor allem deshalb, weil sie als der mit dem Wort verbundene gottesdienstliche Gesang einen notwendigen und integrierenden Bestandteil der feierlichen Liturgie ausmacht“. [28] Damit greift das II. Vatikanum den Schlüsselbegriff „pars integrans liturgiae“ auf, wie er von Papst Pius X. in seinem sogenannten kirchenmusikalischen Gesetzbuch, dem *Motu Proprio* von 1903 bereits formuliert worden war.[29]

Die Kirchenmusik als im wesentlichen liturgische Musik ist also demnach Bestandteil der Liturgie, „in ihr und mit ihr entstanden und untrennbar mit ihr verbunden. Ihre Zusammengehörigkeit ist in der Eigenart von Liturgie und Musik begründet ...“[30] Wie schon das oben genannte *Motu Proprio* von Pius X. fordert auch die zur Auslegung der Konzilsdokumente unverzichtbare Instructio *Musicam Sacram* der römischen Ritenkongregation vom 5.3.1967 als notwendige substantielle Kriterien für liturgische Kirchenmusik „die Eigenschaft der Heiligkeit, der Güte der Form und der Allgemeinheit.“[31] Was hier mit dem Begriff „Heiligkeit“ gemeint ist, wird durch die lateinische und auch zum Beispiel noch im französischen Wortsinn enthaltene Bedeutung von „Sacrum“ bzw. „Sacre“ verständlich, wie sie in der deutschen Übersetzung nicht mehr klar genug erkennbar ist. Das „Sacrum“ ist wörtlich das „Geopferte“, das nicht mehr für den Alltagsgebrauch Verwendbare, weil religiös Reservierte, eben für die Gottesverehrung Verschenkte, „Geopferte“.[32] Es handelt sich also um eine musikalisch-formale

---

27 Blankenburg, Art. *Kirchenmusik*. In: Riemann Musiklexikon Mainz 1967, S. 453
28 a.a.O.; vgl. Rahner u. Vorgrimler, S. 84
29 Haberl, Das Motuproprio des Papstes Pius X. In: Fellerer 1976, S. 284
30 Overath, Art. *Liturgische Musik*. In: LThK, 2. A., Sp. 1103
31 Instruktion *Musicam Sacram* der Heiligen Ritenkongregation über die Musik in der Heiligen Liturgie. In: Musica Sacra, 1967, S. 98-127
32 vgl. Gamber, S. 91 ff.

Unterscheidung, ein musikalisch eigenes Repertoire, das nicht beliebig austauschbar ist, wie es jüngst Papst Johannes Paul II. in seinem Chirograph *Mosso dal vivo desiderio* aus Anlaß des hundertjährigen Jubiläums des oben genannten kirchenmusikalischen Gesetzbuches von Pius X. nochmals betont hat.[33]

In der Tat wird in der kirchenmusikalischen Gesetzgebung der katholischen Kirche der Repertoirerahmen relativ konkret abgesteckt, auch dies in ungebrochener Kontinuität von Pius X. über das II. Vatikanische Konzil bis hin zum genannten Chirograph von Johannes Paul II.:

a) Der Gregorianische Gesang

„Die Kirche betrachtet den Gregorianischen Choral als den der römischen Liturgie eigenen Gesang; demgemäß soll er gleiche Bedingungen vorausgesetzt in ihren liturgischen Handlungen den ersten Platz einnehmen."[34]

b) Die (vokale) Polyphonie

Wörtlich heißt es in den Konzilsbestimmungen: „Andere Arten der Kirchenmusik, besonders die Mehrstimmigkeit, werden für die Feier der Liturgie keineswegs ausgeschlossen, wenn sie dem Geist der Litur-

---

33 Chirografo del Sommo Pontefice Giovanni Paolo II per il centenario del Motu Proprio *Tra le sollecitudini* sulla musica sarca. In: L'Osservatore Romano, 4 Dicembre 2003, S. 7; vgl. dazu auch den juristischen Beitrag "La musica sacra: dagli inizi del Cristianesimo al Concilio Vaticano II" von Marcello Moretti in der von der italienischen urheberrechtlichen Wahrnehmungsgesellschaft SIAE redaktionell und verwaltungstechnisch betreuten Zeitschrift "Lo Spettacolo", Roma, Anno LII – N. 3/4, Luglio-Dicembre 2002, S. 35 ff.; Moretti zitiert hier u.a. auch eine Predigt von Papst Johannes Paul II., in der er zum Spezifikum "sacra" des Begriffs "musica sacra" expressis verbis ausführt, daß allein das Faktum, eine Musik in der Liturgie erklingen zu lassen, diese dadurch noch nicht zu "musica sacra" macht, vielmehr bedarf es besonderer Kriterien (Omelia di Giovanni Paolo II all' Associazione Italiana Santa Cecilia sull'Importanza della musica sacra (21 settembre 1980). In Enchiridion Liturgico, Casale Monferrato, Piemme, 1994, II ed., S. 726 ff.); vgl. hierzu auch: Steinschulte 1980, S. 41-50; nicht ohne Grund hatte die Instruktion „*Musicam Sacram*" mit dieser bewußten namensgebenden *Arenga* die rein funktionale Formulierung „*Musicam in Liturgia*" vermieden.

34 Art. 116 der Liturgiekonstitution des II. Vatikanischen Konzils, zit. nach Overath 1976, S. 382

gie im Sinne von Art. 30 entsprechen."[35] Art. 30 lautet: „Um die lebendige Teilnahme zu fördern, soll man den Akklamationen des Volkes, den Antworten, dem Psalmengesang, den Antiphonen, den Liedern sowie den Handlungen und Gesten und den Körperhandlungen Sorge zuwenden. Auch das heilige Schweigen soll zu seiner Zeit eingehalten werden."[36] Wer diese auf den ersten Blick scheinbar einschränkende Bestimmung im Licht von Art. 114 („Der Schatz der Kirchenmusik möge mit größter Sorge bewahrt und gepflegt werden") würdigt, muß also feststellen, daß zum Beispiel alle großen zyklischen Messe-Kompositionen, gemeint ist das sogenannte Ordinarium Missae (Kyrie, Gloria, Credo, Sanctus, Benedictus, Agnus Dei und gegebenenfalls Ite missa est) unverändert zum empfohlenen Repertoire-Katalog der liturgischen Kirchenmusik gehört.[37]

c) Der religiöse Volksgesang

Im Gegensatz zu den lateinischen Gesängen des Gregorianischen Chorals, soweit sie für das Volk bestimmt sind, ist er in den jeweiligen Landessprachen gehalten.[38]

d) Die Orgelmusik

Gemeint ist ausdrücklich die *Pfeifenorgel*.[39] Hier ist an Musik gedacht, die eigens für die Orgel komponiert wurde, die Orgel also als solistisches Instrument sieht und nicht in erster Linie als begleitende Gesangsstütze.[40]

Neben diesen ausdrücklich erwähnten Repertoirefamilien eröffnet das II. Vatikanum ebenso behutsam wie weitreichend die Möglichkeit, auch ganz andere Musikarten beim gottesdienstlichen Vollzug willkommen zu heißen, wenn Art. 112 der Liturgiekonstitution grundsätzlich feststellt: „So wird denn die Kirchenmusik um so heiliger sein, je enger sie mit der liturgischen Handlung verbunden ist, sei es, daß sie das Gebet inniger zum Ausdruck

35 a.a.O.
36 a.a.O., S. 384
37 a.a.O., S. 381
38 a.a.O., S. 392 (Art. 120)
39 a.a.O.; wörtlich heißt es: "Organum tubulatum", eine bewußte Unterscheidung zu elektronischen Klangimitatoren.
40 vgl. Blankenburg, a.a.O. (Anm. 27)

bringt oder die Einmütigkeit fördert, sei es, daß sie die Heiligen Riten mit größerer Feierlichkeit umgibt. Dabei billigt die Kirche alle Formen wahrer Kunst, welche die erforderlichen Eigenschaften besitzen, und läßt sie zur Liturgie zu."[41] Auch in Art. 120 werden neben der Pfeifenorgel ebenfalls andere Musikinstrumente prinzipiell zugelassen. Wörtlich heißt es: „Andere Instrumente aber dürfen nach dem Ermessen und der Bestimmung der für die einzelnen Gebiete zuständigen Autoritäten nach Maßgabe der Artikel 22 §§ 2, 37 und 40 zur Liturgie zugelassen werden, sofern sie sich für den heiligen Gebrauch eignen oder für ihn geeignet gemacht werden können, der Würde des Gotteshaus angemessen sind und die Erbauung der Gläubigen wirklich fördern."[42]

Wesentlich ist also die jeweilige Prüfung und Zulassung durch die „zuständige Autorität". Im konkreten heißt dies in nachgeordneter Reihenfolge also Hl. Stuhl, Bischofskonferenzen, Bischöfe.

Gegenüber diesen relativ klaren rechtlichen Vorgaben und Definitionen im Bereich der katholischen Kirchenmusik „steht die protestantische Kirchenmusik, mit Ausnahme ihrer Beschränkung auf das Gemeindelied in der Frühzeit des Calvinismus, allen Möglichkeiten gottesdienstlicher Musik offen. ... Ohne daß der Protestantismus je eine allgemeingültige Wesensbestimmung der Kirchenmusik geboten hat, ist doch Luthers Musikanschauung zu allen großen Zeiten der Kirchenmusik bis zur Gegenwart bestimmend geblieben. ... Grundlage bildet ... überall das durch Luther zu liturgischem Rang erhobene strophische Gemeindelied."[43] Neben und in Verbindung mit dem Gemeindelied sind in der protestantischen gottesdienstlichen Kirchenmusik zunächst die Evangelien- oder Spruchmotetten, später mehr das Geistliche Konzert und die Kantaten prägende musikalische Formen. Durchaus ähnlich der katholischen Kirche kennt auch die protestantische Auffassung „die Musik als integrierenden Bestandteil gottesdienstlicher Verkündigung".[44]

---

[41] vgl. Blankenburg, a.a.O. (Anm. 34)

[42] a.a.O., S. 382

[43] Blankenburg, a.a.O., S. 454

[44] a.a.O.; Blankenburg beruft sich dabei auf die Widmung der Polyhymnia Caduceatrix et panegyrica des Michael Praetorius von 1619, wo sich auch eine Rechtfertigung der Instrumentalmusik im Gottesdienst findet.

Der Begriff des Kultes jedoch geht über die Verkündigung hinaus. „Im Kult vollzieht sich eine symbolische Vergegenwärtigung. Er ist insofern ein Spiel, als gewisse Regeln gegeben sind und die Kontemplation der Teilnehmer angesprochen wird. Er ist aber mehr als ein Spiel, da das Tun nicht zweckfrei ist, sondern seinem innersten Wesen nach die im Glauben bewußte und gewollte Darstellung des geschichtlichen Heilshandelns Gottes ist. Diese Darstellung soll über die Situation des kultisch tätigen Menschen Heilsmacht gewinnen. Die geschichtliche Gegenwart einer anderen Zeit wird in der kultischen Feier aktualisiert, was wesentlich mehr bedeutet als eine bloße Erinnerung, ein Gedächtnis."[45] In der Enzyklika *Mediator Dei* faßt Pius XII. die katholische Auffassung von Liturgie und Kult zusammen: „Die Liturgie als Ganzes bildet deshalb den öffentlichen Kult, den unser Erlöser, das Haupt der Kirche, dem Himmlischen Vater erweist, und den die Gemeinschaft der Christgläubigen ihrem Gründer und durch ihn dem Ewigen Vater darbringt; um es zusammenfassend kurz auszudrücken: Sie stellt den gesamten öffentlichen Kult des Mystischen Leibes Jesu Christus dar, seines Hauptes nämlich und seiner Glieder."[46] Erst aus dieser theologischen Sicht wird die Eigengesetzlichkeit von Liturgie bzw. Kult mit allen potentiellen Konsequenzen verständlich.

Alles kultische Tun ist sowohl Handlung als auch Wort; Wort und Musik schaffen dabei einen bewußten Ausdruck lebendiger Gemeinschaft. „So ist das Wesen der Kultmusik der hörbare und damit auch Gemeinschaft stiftende Ausdruck des persönlich erlebten Heilswirkens Gottes."[47]

Wenn Blankenburg „das Problem der Verständlichkeit und Eignung heutiger Musik als Kirchenmusik" mit „brennend" charakterisiert,[48] so berührt er hier Sachverhalte und Fragen, die sich schlußendlich dann auch in der heutigen urheberrechtlichen Wahrnehmungspraxis stellen. Denn worauf beziehen sich die heute mit den Kirchen bestehenden Lizenzvereinbarungen der GEMA? Auf alle tatsächlich erklingende Musik in den Gottesdiensten oder „nur" auf die von den „zuständigen Autoritäten" zugelassene, also gewissermaßen „legitime" Musik? Dabei ist es weniger die Frage der Inkassohöhe, die hier im Vordergrund steht, als die Frage der angemesse-

---

45 Haberl, Wesen und Gestalten der christlichen Kultmusik. In: Fellerer 1976, S. 8

46 Pius XII., Enzyklika Mediator Dei, 20, AAS 39, 1947, S. 528/529; hier zit. nach Haberl, a.a.O.

47 a.a.O.

48 Blankenburg, a.a.O.

nen und vom Lizenznehmer intendierten Tantiemeverteilung. Während die evangelischen Kirchen grundsätzlich alle musikalischen Möglichkeiten gottesdienstlicher Musik offen lassen, hat sich heute im Bereich der katholischen Kirche ein Sachverhalt entwickelt, in dem zwar die amtlich-autoritativen Vorgaben periodisch bekräftigt werden, de facto jedoch ein kaum noch begrenzter musikalischer Formenpluralismus ähnlich der der evangelischen Kirchen zu beobachten ist.[49] Da es sich bei den liturgischen Bestimmungen des II. Vatikanischen Konzils und den päpstlichen Verlautbarungen in der Qualität eines Chirographs jedoch nicht um Meinungen und Ermunterungen, sondern um rechtsverbindliche Vorgaben handelt, würden diese Fragen an anderer Stelle eine vertiefte Erörterung verdienen.

2.2 Funktionale kultische Musik und kultischer Volksgesang

In der Geschichte des christlichen Gottesdienstes stehen kultische Akklamationen, Rezitationen, Lesungsvortrag im gehobenen Vortragston sowie Psalmengesang zwischen den Liturgen, also den zelebrierenden Bischöfen, Priestern und Diakonen einerseits und der versammelten mitfeiernden Gemeinde der Gläubigen andererseits am Anfang der musikalischen Formgebung.[50]

Erst mit der gesanglich kunstvollen Ausgestaltung verschiedener Liturgieteile, wie zum Beispiel die Psalmenmeditation über die vorgetragenen Schriftlesungen (vgl. Rezitativ und Rondo-Arie in der Musikgeschichte seit dem Barockzeitalter)[51], entstanden an festen Plätzen im Ablauf der Liturgie verschiedene Gesangsformen, die nur von besonders begabten und ausgebildeten Sängern bewältigt werden konnten; so steht am Ende des ersten christlichen Jahrtausends die im wesentlichen noch heute geltende Archi-

---

49 vgl. die Möglichkeiten der Gestaltung in den Kapiteln „Einführung in den Gottesdienst" und „Ordnungen des Gottesdienstes". In: *Antwort finden*, Evangelisches Gesangbuch, Ausgabe für die Evangelisch-Lutherischen Kirchen in Bayern und Thüringen, o. J., S. 1119–1133 sowie S. 1145–1177.

50 Jungmann, S. 248-294

51 Marbach, S. 84*; Wagner, S. 80–105; siehe dazu die umfassende Darstellung der Kirchenmusik Europas im Barockzeitalter. In: New Oxford History of Music, Art. *Opera and Church Music 1630–1750.*

tektur der musikalischen, d.h. zunächst gesanglichen Formen des christlichen Kultes fest.[52] Mehr noch, der gesamte Kult wuchs zu einer in sich aufeinander abgestimmten integralen musikalischen Form, die im neuen Ordo Missae von Paul VI. im Hinblick auf die musikalische Gestalt fast aller Texte, also auch inklusive des sog. Hochgebetes noch eine potentielle Steigerung erfahren hat.[53] Es scheint also in der Natur der Sache zu liegen: je mehr kultische Handlung, um so mehr Verklanglichung.

Während die liturgischen Texte, die je nach Fest, Feiertag und Kirchenjahr wechseln, also die Eigengesänge der jeweiligen konkreten Feier (das sogenannte Proprium) in einer musikalisch anspruchsvolleren, auf den Festtag quasi maßgeschneiderten oder gar affektiv auskomponierten Melodie gestaltet wurden, blieben die elementaren kultischen Akklamationen, die zu jeder liturgischen Feier gehören, bis auf wenige Varianten unverändert.[54] Dabei stand weniger ein spezifischer musikalischer Ausdruck im Mittelpunkt des formalen Interesses als vielmehr das Erfordernis einer feierlichen und dem Alltag enthobenen Kommunikation. Gerade in größeren Räumen und auf größere Entfernungen steigern typische Melodiewendungen und Tongebungen bekanntlich die Wiedererkennbarkeit von Formeln.[55]

Nachdem in der ersten Hälfte des zweiten christlichen Jahrtausends ein zunehmend größerer Teil der feierlichen, gesungenen Liturgie von qualifizierten Sängern und jetzt auch zunehmend von Musikern einschließlich Organisten bestritten wurde, holte die Reformation das bereits seit dem Mittelalter (allerdings außerhalb der Liturgie) gewachsene geistliche Volkslied in die Liturgie, und zwar an die Stelle der bis dahin den Scholae und Chören vorbehaltenen Gesänge.[56] Ansonsten ging erst im Zeitalter der Aufklärung „der ursprüngliche Zusammenhang des lutherischen Gottesdienstes mit der mittelalterlichen Meßordnung wie mit der Gestalt des evangelischen Kir-

---

52 Wagner, a.a.O.; diese Formen werden im Bereich der lateinischen Kirche im wesentlichen mit dem Begriff des Gregorianischen Chorals bezeichnet.

53 "Ordo Missae in cantu", Solesmes o.J.

54 Wagner, Einführung in die gregorianischen Melodien. Dritter Teil „Eine choralische Stilkunde", S. 19-82

55 a.a.O., S. 19 f.

56 Vgl. die Entsprechungen der beiden nachfolgenden Übersichten (katholisch/ evangelisch) zur Gottesdienst-Ordnung (S. 22 u. 23); vgl. auch Lueger, Art. *Kirchenlied.* In: LThK, 2. A., Sp. 232.

chenliedes vom 16. bis 17. Jahrhundert verloren."[57] Dennoch kann das aktuelle evangelisch-lutherische Gesangbuch für Bayern konstatieren, daß die Reformatoren die vorbestehende Gottesdienstordnung im wesentlichen übernommen haben.[58]

Nach den liturgischen Veränderungen im Gefolge des II. Vatikanischen Konzils lassen sich bei einem Vergleich der beiden Gottesdienstordnungen der katholischen und der evangelischen Kirchen in Deutschland in rein musikalisch-formaler Betrachtung kaum wesentliche Unterschiede erkennen:[59]

---

57 Blankenburg, Art. *Gemeindegesang, B. Evangelisch.* In: Die Musik in Geschichte und Gegenwart, 1. A., Sp. 1670

58 *Antwort finden*, a.a.O. (Anm. 49), S. 1122

59 „Oremus", Einlageblatt und „Gotteslob", 1975, S. 366 f.

AUFBAU DER MESSE		**Mögliche musikal. Form**		
		Funktionaler Gesang	Volksgesang	Andere Formen
	Einzugslied *(Introitus)*		X	X
	Begrüßung	X		
	(Einleitung in die Liturgie)			
ERÖFFNUNG	Bußakt	X		
	Kyrie		X	X
	(Gloria)		X	X
	Tagesgebet	X		
	1. Lesung Altes Testament	X		
	Antwortpsalm *(Graduale/Tractus)*		X	X
	2. Lesung aus den Aposteln	X		
WORTGOTTESDIENST	Hallelujaruf *(Alleluia)*		X	X
	Evangelium	X		
	Homilie			
	(Credo)		X	X
	Fürbitten	X	X	
EUCHARISTIEFEIER MIT GABENBEREITUNG,	(Gabenlied/*Offertorium*)		X	X
	Gabenbereitung			
	Gebetsaufforderung			
	Gabengebet	X		
	Einleitung (Präfation)	X		
	Sanctus und Benedictus		X	X
	Lob Gottes	X		
	Anrufung des Hl. Geistes	X		
HOCHGEBET	Einsetzungsbericht	X		X
	Gemeinderuf	X		
	Gedächtnis	X		
	Annahmebitte	X		
	Gemeinschaft der Heiligen	X		
	Gedenken	X		
	Vater unser	X	X	
	Friedensbitte	X		
	Friedensgruß	X		
	Lamm Gottes *(Agnus Dei)*		X	X
und KOMMUNION	Brechung			
	Kommunion des Priesters			
	Kommunionlied *(Communio)*		X	X
	Kommunion der Gläubigen			
	Stille oder Lobgesang		X	X
	Schlußgebet	X		
	(Mitteilungen)			
	Abschiedsgruß			
ENTLASSUNG	Segen	X		
	Entlaßruf *(Ite Missa est)*	X		X
	(Lied)		X	X

ORDNUNG DES EVANGELISCHEN GOTTESDIENSTES				
		Mögliche musikal. Form		
		Funktionaler Gesang	Volksgesang	Andere Formen
ERÖFFNUNG UND ANRUFUNG	Musik zum Eingang			X
	Begrüßung			
	Eingangslied (oder direkt nach Einzugsmusik)		X	
	Vorbereitungsgebet und Sündenbekenntnis			
	Eingangspsalm *(Introitus)*	X		X
	Kyrie		X	X
	Gloria		X	X
	Gebet des Tages			
VERKÜNDIGUNG UND BEKENNTNIS MIT PREDIGT UND DANKOPFER	Lesung aus dem Alten Testament oder den neutestamentarischen Briefen			
	Lobruf (Alleluia)		X	X
	Lied der Woche oder des Tages		X	
	Lesung aus den neutestamentarischen Briefen oder den Evangelien			
	Glaubensbekenntnis (Credo)		X	X
	Lied der Woche oder des Tages		X	
	Predigttext und Predigt			
	Kanzelsegen			
	Musik/Stille			X
	Dankopfer			
	Predigtlied		X	
ABENDMAHL	Gabenbereitung und Gabengebet		X	X
	Großes Lobgebet *(Präfation)* und Heilig, heilig, heilig *(Sanctus)*	X	X	X
	Abendmahlsgebet			
	Bitte um den Heiligen Geist			
	Einsetzungsworte			
	Erinnerung an das Heiligenleben			
	Vater unser	X		
	Friedensgruß	X		
	Christe, du Lamm Gottes *(Agnus Dei)*		X	X
	Austeilung (Kommunion)			
	Danksagung	X		X
	Dankgebet			
SENDUNG UND SEGEN	Bekanntmachungen aus dem Gemeindeleben			
	Fürbittegebet	X	X	X
	Vater unser			
	Sendung			
	Segen	X		
	Musik		X	X

Da in der katholischen Messe bzw. im evangelischen Gemeindegottesdienst fast alle wesentlichen musikalischen Formen angesprochen sind, erscheint es vertretbar zu sein, die anderen Gottesdienstformen einschließlich derjenigen des Offiziums (Stundengebet), wie zum Beispiel Vesper, Matutin und Komplet, an dieser Stelle zu vernachlässigen. Im Hinblick auf die urheberrechtliche Betrachtung der potentiell relevanten Musik innerhalb dieser Gottesdienstordnungen verdeutlichen die beiden Rubriken hinter den einzelnen Schritten der Liturgie die potentielle musikalische Form, wobei mit dem Begriff „Funktionaler Gesang" der formelhafte und meist an überlieferte lateinische Vorgänger anknüpfende Gesang der kultischen Akklamationen, Gebetsrezitationen, Lesungs- und Psalmtöne sowie Vaterunser-Melodien etc. gemeint sind.[60] Sogenannte Liedrufe sind demgegenüber unter den gottesdienstlichen Volksgesang zu subsumieren, auch wenn die meisten Produktionen dieser Art de facto vom Volk kaum angenommen und meist nur solistisch vom liturgischen Animateur vorgetragen werden.

2.3 Formen der kultischen Musik

In der in Abschnitt 2.2 dargestellten Gliederung der Gottesdienste sind diejenigen Teile im kultischen Ablauf gekennzeichnet, die in der Regel für eine musikalische Gestaltungsform jenseits des Volksgesangs geeignet sind. Dies gilt im besonderen Maße für die katholische Liturgie, sofern sie sich der überlieferten lateinischen Propriumstexte (also vom jeweiligen Tag im Kirchenjahr) bedient, wie sie bis zum II. Vatikanischen Konzil verbindlich vorgeschrieben waren und heute noch ad libitum zur Verfügung stehen[61], konkret also Introitus (Einzugsgesang), Graduale oder Tractus (feier-

---

[60] Der frühere Preside des Pontificio Istituto di Musica Sacra in Rom, F. Haberl, schreibt zu den Eindeutschungen dieser funktionalen Gesänge: „Wie tief ein solches Empfinden verwurzelt ist, daß nämlich der Gregorianische Choral als Norm und Maßstab echter Kirchenmusik zu gelten habe, zeigen sogar jene kläglichen Versuche, choralische Formen und choralische Rhythmen aus ihrem lateinischen Mutterboden zu entfernen und volkssprachlichen Texten aufzupfropfen. Solche Versuche sind keine Musik, noch viel weniger Kultmusik." In: Fellerer 1976, S. 10 (Anm. 45).

[61] Graduale Romanum Sacrosanctae Romanae Ecclesiae de tempore et de sanctis primum sancti Pii X iussu restitutum et editum Pauli VI Pontificis Maximi cura nunc recognitum ad exemplar „Ordinis Cantus Missae" dispositum ..., Solesmes 1974

liche Psalmodie zwischen den Lesungen), Alleluia und Psalmvers (vor dem Evangelium), Offertorium (zur Opferung bzw. Gabenbereitung), Communio mit Psalmversen (zur Kommunionausteilung).

Bereits im ersten christlichen Jahrtausend waren diese Texte (meist Schrift-Zitate aus den Tageslesungen mit den dazu passenden Psalmtexten)[62] in anspruchsvolle musikalische Formen gekleidet worden, die nicht vom Volk ausgeführt werden konnten, sondern den Scholae Cantorum vorbehalten waren. Mit der Nôtre-Dame-Schule in Paris begann um ca. 1200 die Geschichte der europäischen Mehrstimmigkeit mit genau diesem liturgischen Repertoire der Propriumsgesänge[63], während die polyphonen und damit nicht mehr vom Volk ausführbaren Vertonungen des sogenannten Meß-Ordinariums (also *Kyrie, Gloria, Credo, Sanctus, Benedictus, Agnus Dei* und bisweilen auch *Ite Missa est*) erst ab dem 14. Jahrhundert entstehen. Wie der Begriff „Ordinarium" bereits andeutet, handelt es sich hierbei um die sozusagen „normalen", unverändert immer wiederkehrenden Teile der Liturgie. Auch wenn Gloria und Credo gemäß der liturgischen Ordnung gestern wie heute nicht an allen Tagen zur liturgischen Ordnung gehören, so ist eine polyphone Ordinariumkomposition jedoch erheblich häufiger in der liturgischen Aufführungspraxis zu verwenden als die meist nur einmal im Kirchenjahr angebrachten Propriumkompositionen. Dennoch sind immer wieder neben den im Verlauf der Jahrhunderte vorherrschenden Messe-Kompositionen (Ordinarium) auch Propriumsteile und Texte aus dem Offizium oder aus Andachten und verschiedenen Frömmigkeitsübungen kompositorisch bearbeitet worden. Von besonderer Bedeutung sind in diesem Zusammenhang vor allem die mehrstimmigen Vertonungen der Vesper-Psalmen, -Hymnen und Antiphonen besonderer Feste[64] und Sonntage[65].

---

62 Marbach, a.a.O. (Anm. 51) sah angesichts der in die Tausende gehenden Zahl der Gregorianischen Gesänge bereits 1907 die bis heute nicht realisierte Möglichkeit, sogar eine „Summa Bibliae sacrae musicalis" herauszugeben.

63 Hughes, Music in Fixed Rhythm. In: The New Oxford History of Music, Art. *Early Medieval Music up to 1300*, S. 331 ff.

64 So sind zum Beispiel die unter dem irreführenden (Singular-)Begriff „Marienvesper" allgemein bekannten Kompositionen von Claudio Monteverdi nichts anderes als eine Sammlung von Vespergesängen für verschiedene Marienfeste, wie anhand der polyphon vertonten Antiphonen unschwer zu erkennen ist, vergleicht man die Texte mit den jeweiligen Offiziumstexten der Marienfeste.

65 Als Beispiel für die allgemeine Praxis sei auf die von R. Pohl erst jüngst herausgegebenen drei Bände mit Werken von Johannes Mangon (und vermutl. auch Zeitgenossen) hingewiesen, die dieser in den Jahren 1570–1577 als „Succentor" der Münsterkirche in Aachen handschriftlich in drei Folianten notiert hat und die heute im

Da in der Barockzeit häufig ausreichend qualifizierte liturgische Sänger bzw. Kleriker (gerade in Klöstern und Kollegiatskirchen) fehlten, wurde der Orgel in der sogenannten Alternatim-Praxis eine substantiell liturgische Rolle zuteil, indem der Organist in der antiphonalen Psalmodierweise gegenüber dem ersten Sängerchor (Kleriker) den Part des zweiten Chores alternierend übernahm. Die Orgel „sang" also den liturgischen Text, der keiner weiteren Deklamation bedurfte.[66] Entsprechendes gilt für die Alternatim-Messen, sofern sie für Orgel komponiert waren, denn die Musikgeschichte kennt ebenso diese Alternatim-Praxis zwischen gregorianischem (Kleriker)-Chor und polyphonem (Knaben)-Chor.[67] Zudem wuchs der Orgel zunehmend eine eigene liturgisch zum Teil tragende Rolle zu, sei es nun im kunstvollen Choralvorspiel, in Offertoire-Meditationen anstelle des ursprünglich gesungenen Offertoriums, in sogenannten Elevationen (zur Begleitung des Einsetzungsberichtes mit Emporheben bzw. Zeigen von Hostie und Kelch nach der Konsekration) oder Entraden (zum Einzug) und Choralphantasien sowie in freien Werken zum Auszug[68].

Bemerkenswert ist an dieser Stelle eine Besonderheit, die unter Umständen von Bedeutung für die heutige Praxis der Tantieme-Ausschüttung (der GEMA) sein könnte: Während die evangelische Gottesdienst-Ordnung Präludium und Postludium als Bestandteil des Gottesdienstes ansieht, ist davon im katholischen Gottesdienst streng genommen keine Rede, d.h. in die Praxis übersetzt: Solche Prä- und Postludia müßten eigentlich als konzertante Aufführung und nicht als liturgische Musik betrachtet werden.[69]

Aachener Domarchiv aufbewahrt werden. Es finden sich hier alle wesentlichen liturgisch-musikalischen Formen seiner Zeit, soweit sie zur Liturgie gehörten: Johannes Mangon, Chorbuch I, Die Messen, Aachen 2000; Chorbuch II, Die Motetten, Köln 1998 (Denkmäler Rheinischer Musik, Bd. 22); Chorbuch III, Antiphonen-Hymnen-Varia, Aachen 2000.

66 Higginbottom, Art. *Alternatim*. In: The New Grove Dictionary of Music and Musicians, 2. A., S. 295

67 a.a.O.

68 Caldwell, Art. *Elevation*. In: The New Grove Dictionary of Music and Musicians, 2. A., S. 113

69 Da die großen Kirchen in Deutschland heute sowohl für die Musik im Gottesdienst als auch für Geistliche Konzerte entsprechende Pauschalregelungen mit der GEMA getroffen haben, wäre die Betrachtung aus kirchlicher Sicht finanziell unerheblich, nicht jedoch für die Ausschüttung der GEMA-Tantiemen, da eine Ausschüttung im Rahmen der konzertanten E-Musik nach dem derzeit geltenden Verteilungsplan finanziell erheblich interessanter für den Komponisten ist.

Auch wenn es sich bei der vorgenannten Skizzierung der musikalischen Formenentwicklung um einen historischen Blickwinkel handelt, der geeignet ist, die nähere Beschaffenheit und Eigenheit der Formen besser einzuordnen, so gelten alle diese genannten Formen durchaus auch heute noch. Neben diesem lebendigen kompositorischen Traditionsstrom haben sich jedoch auf der Grundlage der textlich im Vergleich zum Proprium und Ordinarium freieren liturgischen Kirchenlieder viele formale Varianten der Bearbeitung, polyphonen Satzweise, instrumentalen oder solistischen Besetzung etc. entwickelt. Es entspricht daher nur der Logik einer Loslösung von einem verbindlichen liturgischen Text, wenn sich heute die Grenzen von liturgischer Kirchenmusik und allgemeiner geistlicher Kirchenmusik in der Praxis beider Kirchen zunehmend verwischen. Hierzu gehört auch die Einführung von Klangmustern verschiedener Genres der Unterhaltungsmusik in die gottesdienstliche Verwendung, wobei oft nur die Texte einen Bezug zur religiösen Thematik erkennen lassen, während sich rein klanglich keine Assoziation einer geistlichen Zweckbestimmung allgemein verbindlich erkennbar anbietet. Formal betrachtet handelt es sich bei diesen Kompositionen um ein neues Genre, das bisweilen für den Gemeindegesang bestimmt ist, jedoch im Vergleich zur früheren Orgelbegleitung eine erheblich aufwendigere instrumentale Ensemble-Unterstützung wünschenswert erscheinen läßt. Daneben jedoch entziehen sich die meisten zeitgenössischen Versuche dieser Art infolge ihrer rhythmischen und instrumentalen Akzentuierung einer Mitwirkung des Volkes. Es handelt sich also um musikalische Formen, die urheberrechtlich eher entsprechend den Werken der bisherigen Mehrstimmigkeit einzuordnen sind.

Inwiefern jedoch heute manche zeitgenössischen Musikwerke im Gottesdienst den verbindlichen rechtlichen Vorgaben der zuständigen kirchlichen Autorität (dies gilt in besonderem Maße für die katholische Kirche) entsprechen oder nicht entsprechen, und welche Konsequenzen aus diesem Sachverhalt in urheberrechtlicher Sicht zu ziehen sind, könnte in Zukunft für die Kirchenleitungen eine Frage von zunehmender Bedeutung werden.

3.0 Die Einordnung der kultischen Kirchenmusik im System des Urheberrechts

3.1 Inhalt und Schranken des Aufführungsrechts

Das Urheberrecht regelt neben dem Schutz kultureller Schöpfungen auch die Rechtsverhältnisse zwischen Werk und Werkschöpfer und Werkschöpfer und Werknutzer, indem es die Berechtigung der Werkschöpfer an ihrem Werk und ihrer Werknutzung den Werkschöpfern zuweist.[70] Es organisiert als staatliches Ordnungsprinzip das Zusammenleben zweier Gruppen – einer kleinen, die Werke schafft und einer großen, die sie nutzt. Bestimmt wird dieses von meist gegensätzlichen kulturellen und wirtschaftlichen Interessen, wobei gegenseitige Abhängigkeiten unterschiedliche Rechtsvorstellungen zumeist nicht verhindern. Die hohe Wertschätzung einzelner Musikwerke und ihrer Schöpfer durch die Musikkonsumenten führt nicht automatisch zu einem ebenso hohen Verständnis für die wirtschaftlichen und kulturellen Ansprüche der Urheber. Die Rechtsordnung verteidigt kulturelle Schöpfungen, indem sie dem dahinter stehenden Subjekt die Urheberschaft und damit das Recht an seinem Werk zuerkennt, indem es einen für alle verbindlichen Rechtsrahmen schafft. Aufgabe des Urheberrechts ist es daher, die ideellen und materiellen Interessen der Werkschöpfer zu schützen.[71] Daneben berücksichtigt es die Anliegen der Allgemeinheit und versucht das zwischen den beiden Interessengruppen bestehende Spannungsfeld sachgerecht zu entschärfen.

Der Schutz des Urhebers hat alle Aspekte der Beziehungen zwischen Schöpfer und Werk zu berücksichtigen und umfaßt neben den für das Leben und Überleben wichtigen Vermögensrechten auch die Persönlichkeitsrechte des Urhebers.[72] So sehr eine effiziente materielle Verwertung seiner Werke für den Urheber von existentieller ökonomischer Bedeutung ist, so wichtig sind auch die ideellen Interessen am einmal geschaffenen Werk,

---

70 Hubmann/Rehbinder 1991, S. 1 f.
71 AmtlBegr. In: UFITA 45, S. 257
72 Wandtke/Bullinger-Bullinger 2002, § 11 Rdnr. 1

um die geistige Position des Autors vor Beeinträchtigung und Entstellung durch Einzelne oder die Öffentlichkeit zu sichern. Um die wirtschaftlichen Ansprüche des Urhebers zu gewährleisten, wird das Urheberrecht am Werk in Deutschland rechtssystematisch als subjektives Eigentumsrecht im Sinne von Art. 14 GG betrachtet, auf das sich jeder Berechtigte, im Falle der Musik also jeder Komponist, Textdichter, Verleger oder ausübende Künstler im Bezug auf seine persönlichen geistigen Schöpfungen, seine Werke, berufen kann.[73]

Die Entwicklung des Rechtsinstituts „geistiges Eigentum" vollzog sich in einem langen und mühsamen Prozeß, der auch die gelungene Emanzipation der persönlich geistigen Schöpfung vom bloßen Sacheigentum in seiner rechtlichen Eigenständigkeit ausdrückt. Das Bewußtsein nämlich, daß eine persönliche geistige Schöpfung einen eigenen Rang, eine unverwechselbare Bedeutung hat, gründet nicht zuletzt auf den philosophischen Vorstellungen der Aufklärung des achtzehnten Jahrhunderts. Mit ihrer Verwirklichung vollzog sich auch ein Wechsel vom Verleger- zum Autorenrecht.[74]

Der Rechtsbegriff des geistigen Eigentums wurde in Ergänzung zum materiellen Eigentum oder Sacheigentum entwickelt, ist seinem Wesen nach dem letzteren aber nicht gleichzusetzen.[75] Im Grundgesetz findet sich keine Erwähnung des geistigen Eigentums. Art. 14 GG gewährleistet das Eigentum in umfassender Weise, indem es dieses nicht nur als Rechtsinstitut verbrieft, sondern auch eine Individualgarantie auf Eigentum beinhaltet. Diese umfaßt sämtliche Bereiche, die einem Rechtssubjekt zustehen, also auch das geistige Eigentum.[76] Noch die Weimarer Verfassung proklamierte ausdrücklich in Art. 158 Abs. 1: „Die geistige Arbeit, das Recht der Urheber, der Erfinder und der Künstler genießt den Schutz und die Fürsorge des Reichs." In der Ära des Grundgesetzes findet sich das geistige Eigentum prototypisch wieder in den Bestimmungen des Urheberrechts und wurde vom BVerfG nachhaltig bestätigt. In mehreren Entscheidungen[77] hat das Gericht ausdrücklich hervorgehoben[78], daß das vom Urheber geschaffene

---

[73] Schricker/Schricker, 2. A., Einl. Rdnr. 12
[74] Hubmann/Rehbinder 1991, S. 10
[75] Kreile, S. 253
[76] Badura 1984, S. 552
[77] NJW 1971, 2163, 2165, 2167, 2169; 1972, 145; 1979, 2029
[78] Hubmann 1988, S. 7

Werk in vermögensrechtlicher Hinsicht als „geistiges Eigentum“ der wirtschaftlichen Verwertung des Schöpfers zuzuordnen ist.[79]

Vor allem nach dem zweiten Weltkrieg beschäftigte man sich in der Literatur vertieft mit der Lehre vom geistigen Eigentum.[80] Danach ist wesentlich, daß das Urheberrecht ein auf dem Schöpfungsakt – des Urhebers – beruhendes naturgegebenes ursprüngliches Recht ist, das vom Gesetzgeber nicht verliehen, sondern nur anerkannt wird und daher nicht beliebig eingeschränkt werden kann. Diese Lehre wurde von der Rechtsprechung übernommen, wenn der Bundesgerichtshof feststellt, der Urheber habe ein naturgegebenes geistiges Eigentum, das durch die positive Gesetzgebung nur seine Anerkennung und Ausgestaltung findet.[81]

Die Dualität des geistigen Eigentums als ein Rechtsinstitut, das sowohl naturrechtliche als auch positivistische Aspekte aufweist, spiegelt sich auch in der deutschen urheberrechtlichen Gesetzgebung wider. So sind im vierten und fünften Abschnitt des ersten Teils des Urheberrechtsgesetzes (UrhG) (§§ 11–44), die den Inhalt des Urheberrechts und den Rechtsverkehr im Urheberrecht festlegen, sowohl vermögens- als auch persönlichkeitsrechtliche Ansprüche der Werkschöpfer geregelt.[82] Dies kommt deutlich in § 11 S. 1 zum Ausdruck. Danach schützt das Urheberrecht „den Urheber in seinen geistigen und persönlichen Beziehungen zum Werk und in der Nutzung des Werkes.“ Unter den Bestimmungen, die sich mit den Verwertungsrechten befassen, gewährt § 19 Abs. 2 in Verbindung mit § 15 dem Urheber das ausschließliche Recht, sein musikalisches Werk öffentlich zu Gehör zu bringen (Aufführungsrecht). Das Aufführungsrecht ist neben dem Vortrags- und Vorführungsrecht ein Recht der öffentlichen Wiedergabe und soll durch seine Ausgestaltung als absolutes Recht sicherstellen, daß dem Werkschöpfer eine umfassende Kontrolle und Zugriffsmöglichkeit über sein geistiges Eigentum ermöglicht wird.[83] Ziel ist es, dem Urheber die größtmögliche wirtschaftliche Beteiligung an der Nutzung seines Werkes zu ermöglichen.

---

[79] BVerfGE 31, 229 (238 ff.)
[80] vgl. Overath 1954, S. 31 ff.; Ermecke 1963; Hubmann 1954, S. 19
[81] BGHZ 17, 278
[82] AmtlBegr. In: UFITA 45, S. 257
[83] Schricker/v. Ungern-Sternberg, 2. A., § 15 Rdnr. 1

Da die Nutzungsrechte als ausschließliche Verwertungsrechte konzipiert sind, obliegt es dem Urheber, beispielsweise Aufführungen seiner musikalischen Werke zu verbieten oder zu gestatten. Sinn dieses absoluten Verbotsrechts ist es aber nicht, die Allgemeinheit von einer Werknutzung auszuschließen; vielmehr soll das Urheberrecht den Berechtigten in die Lage versetzen, Art und Umfang der Nutzung zu kontrollieren und diese insbesondere von der Zahlung einer angemessenen Vergütung abhängig zu machen.[84] Zur Durchsetzung seiner wirtschaftlichen Interessen wird er also den jeweiligen Nutzern die dafür notwendigen Rechte gegen Entgelt einräumen und so die Verwendung und Verwertung seiner Werke gestatten. Die Vergütung, die für die Nutzung des geistigen Eigentums gefordert und durchgesetzt werden kann, wird dabei um so höher sein, je stärker die Position des Rechteinhabers gesetzlich ausgestaltet, bzw. das urheberrechtliche Schutzniveau im jeweiligen Urheberrecht verankert ist.

Der Gesetzgeber hat neben dem Schutz des Urhebers und seiner Werke die inhaltlichen Grenzen des Urheberrechts bestimmt, indem er in das Urheberrechtsgesetz die „Schranken des Urheberrechts“ aufgenommen hat.[85] Die Festlegung der Schranken berücksichtigt den in Art. 14 Abs. 2 S. 2 GG gegenüber dem Grundrecht auf Eigentum geforderten Vorbehalt, daß dessen Gebrauch dem Gemeinwohl dienen soll. Der Gesetzgeber hatte verschiedene Möglichkeiten, den Ausgleich zwischen den berechtigten Ansprüchen des Urhebers und dem Interesse der Allgemeinheit vorzunehmen.[86] Dabei waren die Interessen der Allgemeinheit jedoch in jedem Einzelfall gegenüber denen der Rechteinhaber abzuwägen.[87] Dies geschah zu Gunsten der Rechteinhaber, namentlich durch die Ausformulierung der Verwertungsrechte am Werk; zu Gunsten der Öffentlichkeit geschah dies durch die Aufnahme der Schrankenbestimmungen. Bei deren Auslegung sind insbesondere die zu Art. 14 Abs. 1 S. 1 GG aufgestellten Grundsätze zu berücksichtigen, daß nämlich die Beschränkung des Eigentumsrechts des Urhebers nicht unverhältnismäßig sein darf und übermäßige Belastungen des Urhebers zu Gunsten der Allgemeinheit auszuschließen sind.[88]

---

[84] Badura 1984, S. 553

[85] Sechster Abschnitt des Urheberrechtsgesetzes (§§ 44a–63 a)

[86] a.a.O., S. 555

[87] AmtlBegr. In: UFITA 45, S. 243

[88] Schricker/Melichar, 2. A., Vor §§ 45 ff. Rdnr. 9

Bei der Beurteilung einer übermäßigen Belastung des Urhebers durch eine vom Gesetzgeber normierte Schranke, ist es von Bedeutung, ob diese sich als Enteignung, Inhaltsbestimmung oder lediglich als Schrankenziehung des Urheberrechts erweist. Denn eine verfassungswidrige Enteignung liegt immer nur dann vor, wenn in einen bereits vorhandenen, durch Art. 14 Abs. 1 S. 1 GG geschützten konkreten Besitzstand, eingegriffen wird. Dieser ist im Rahmen der Ausprägung des Urheberrechts unter sachlichen Maßstäben festzulegen, die auf den besonderen Charakter des geistigen Eigentums Rücksicht zu nehmen haben.[89] Schranken dürfen in die dem Urheber zustehenden Rechtspositionen nur dann eingreifen, wenn dies aus Gründen des berechtigten öffentlichen Interesses unter Berücksichtigung des Verhältnismäßigkeitsgrundsatzes gerechtfertigt ist.[90]

Als berechtigte Interessen der Allgemeinheit können unterschieden werden:

- das Interesse an vorübergehenden Vervielfältigungshandlungen (§ 44 a)
- das Interesse der Rechtspflege und öffentlichen Sicherheit (§ 45)
- das Interesse behinderter Menschen (§ 45 a)
- das Interesse der „Erleichterung des Schulunterrichts“ (§§ 46 und 47 sowie 62 Abs. 4)
- der Schutz der Informationsfreiheit (§§ 48, 49 und 50)
- der Schutz der „Freiheit des geistigen Schaffens“ (§ 51)
- das Interesse am Zugang zu bestimmten privilegierten öffentlichen Wiedergaben (§ 52)
- das Interesse an der öffentlichen Zugänglichmachung für Unterricht und Forschung (§ 52 a)
- ausschließlich technische Zwecke (§§ 55, 56 und 56)
- das Interesse am privaten oder sonstigen eigenen Gebrauch (§§ 53, 54 und 54 a)
- das Interesse an der Abbildungsfreiheit (§§ 57–60 und 62–63a)
- das Interesse der Kulturwirtschaft (§ 42 a)[91].

89 Hubmann 1988, S. 8

90 BVerfG GRUR 1972, S. 494

91 Grundlage dieser Aufzählung (Schricker/Melichar, 2. A., 1999, Vor §§ 45 ff. Rdnr. 4) wurde um Novellierungen des Urheberrechtsgesetzes aktualisiert.

Bei der jeweiligen Ausgestaltung des berechtigten Interesses der Allgemeinheit durch die Einführung einer urheberrechtlichen Schrankenbestimmung ist zu beachten, daß die Interessenabwägung – rechtfertigendes Gemeinwohl *versus* Einzelinteresse des Urhebers – sozial verträglich durchgeführt wird. Einer vergütungsfreien Nutzung wie zum Beispiel bei Veranstaltungen der Jugendhilfe gem. § 52 Abs. 1 S. 3 muß nicht nur ein berechtigtes, sondern ein gesteigertes öffentliches Interesse der Allgemeinheit gegenüberstehen.[92]

Wie oben ausgeführt, ist das Aufführungsrecht in § 19 Abs. 2 normiert, wobei dieser zwei Fallgruppen regelt, nämlich die persönliche Darbietung von Werken oder deren bühnenmäßige Aufführung, also das Darstellen von musikalisch dramatischen Werken, wie Oper, Operette oder Musical.[93] Tatbestandsmerkmal der ersten Alternative des Aufführungsrechts ist die öffentliche Wiedergabe des Musikwerks durch persönliche Darbietung. Von einer Aufführung im urheberrechtlichen Sinn kann also erst gesprochen werden, wenn die beiden Tatbestandsmerkmale „persönliche Darbietung" und „Öffentlichkeit" (in der Definition des Urheberrechts) erfüllt sind. Umgekehrt ist zu schließen, daß beim Fehlen einer dieser Voraussetzungen eine Beeinträchtigung der Position des Rechteinhabers schon deshalb nicht vorliegt, weil es sich um eine urheberrechtsfreie Verwendung eines geschützten Werkes handelt.[94] Diese dem Aufführungsrecht immanenten „Schranken" sind noch vor denen, die gesetzlich geregelt sind zu berücksichtigen.

Die persönliche Darbietung eines Werkes der Musik setzt Öffentlichkeit im Sinne des Urheberrechtsgesetzes voraus, damit diese sich als einwilligungspflichtige Nutzungshandlung qualifizieren läßt. Öffentlich ist die Wiedergabe gemäß § 15 Abs. 3, der den urheberrechtlichen Öffentlichkeitsbegriff regelt, wenn sie für eine Mehrzahl von Personen bestimmt ist und diese nicht persönlich untereinander beziehungsweise mit dem Veranstalter verbunden sind. Der dem Urheberrecht zu Grunde liegende Begriff der Öffentlichkeit ist eigenständig und vom allgemeinen Sprachgebrauch, wie auch von der Verwendung in anderen Gesetzen, zu unterscheiden.[95]

---

92 Hubmann 1988, S. 10
93 Wandtke/Bullinger-Ehrhardt, § 19 Rdnr. 13
94 Schricker/v. Ungern-Sternberg, 2. A., § 19 Rdnr. 15
95 Schricker/v. Ungern-Sternberg, 2. A., § 15 Rdnr. 53

Für die Beurteilung, ob eine Aufführung öffentlich und daher nur mit Einwilligung des Urhebers durchgeführt werden kann, gilt folgendes Indiz: Weitgehend gleich gerichtete sachbezogene Interessen eines Personenkreises (zum Beispiel beruflicher oder sportlicher Art) führen noch nicht zum Ausschluß der Öffentlichkeit. Es muß vielmehr unter allen Beteiligten beziehungsweise zwischen allen Beteiligten zum Veranstalter ein engerer Kontakt bestehen, der bei diesen das Bewußtsein hervorruft, persönlich untereinander verbunden zu sein.[96] Eine Zulassung von Außenstehenden (auch Angehörigen oder Freunden von Beteiligten) spricht dafür, daß der Ausnahmetatbestand der „persönlichen Verbundenheit" nicht mehr greift. Feste, zahlenmäßige Höchstgrenzen von teilnehmenden Personen, die auf eine persönliche Verbundenheit schließen lassen, gibt es nicht; vielmehr besteht eine Anscheinsvermutung von Öffentlichkeit bei einer Zuhörerzahl zwischen 50 und 100 Personen, die sich jedoch konkret manifestieren muß.[97] Der urheberrechtliche Öffentlichkeitsbegriff umfaßt also ein qualitatives und ein quantitatives Element: bei persönlicher Verbundenheit der Beteiligten kommt es auf die Anzahl nicht an; umgekehrt kann bereits eine hinzukommende Person Öffentlichkeit herstellen.

Daneben muß es sich bei der öffentlichen Wiedergabe um eine persönliche Darbietung eines Werks handeln und beispielsweise nicht um eine Kulthandlung, die öffentlich durchaus von einer Vielzahl von Personen wahrgenommen werden kann. Die Aufführung des Musikwerkes muß eine Zielrichtung haben, die eine objektive Außenwirkung erkennen läßt.[98]

3.1.1 Das Interesse der Allgemeinheit am Zugang zu bestimmten privilegierten öffentlichen Wiedergaben

Bereits das Gesetz betreffend das Urheberrecht an Werken der Literatur und der Tonkunst (LUG) von 1901 sah vor, daß die Urheber zugunsten der Öffentlichkeit Einschränkungen ihres absoluten Verbotsrechts bei öffentlichen Wiedergaben hinzunehmen hatten. Es formulierte in § 27:

---

96 Schricker/v. Ungern-Sternberg, 2. A., § 15 Rdnr. 65
97 Möhring/Nicolini/Kroitzsch 2000, § 15 Rdnr. 27
98 Schricker/v. Ungern-Sternberg, 2. A., § 19 Rdnr. 5

„Für öffentliche Aufführungen eines erschienenen Werkes der Tonkunst bedarf es der Einwilligung des Berechtigten nicht, wenn sie keinem gewerblichen Zwecke dienen und die Hörer ohne Entgelt zugelassen werden. Im Uebrigen sind solche Aufführungen ohne Einwilligung des Berechtigten zulässig:

1. wenn sie bei Volksfesten, mit Ausnahme der Musikfeste, stattfinden;
2. wenn der Ertrag ausschließlich für wohlthätige Zwecke bestimmt ist und die Mitwirkenden keine Vergütung für ihre Thätigkeit erhalten;
3. wenn sie von Vereinen veranstaltet werden und nur die Mitglieder sowie die zu ihrem Hausstande gehörigen Personen als Hörer zugelassen werden.

Auf die bühnenmäßige Aufführung einer Oper oder eines sonstigen Werkes der Tonkunst, zu welcher ein Text gehört, finden diese Vorschriften keine Anwendung.“

Mit dieser Bestimmung wurde das Aufführungsrecht des Urhebers in allgemeiner Weise bei Musikdarbietungen auf Volksfesten, Wohltätigkeits- und Vereinsveranstaltungen eingeschränkt. Die Berechtigten, also alle Komponisten, Textdichter und Musikverleger, waren somit gezwungen, eine kostenlose Nutzung ihrer gespielten Werke zu dulden.[99] Der Gesetzgeber von 1901 wollte aber auch unentgeltliche spontane Darbietungen zum Beispiel von Wander- und Jugendgruppen vergütungsfrei wissen.[100] Das LUG hatte den Autoren neue Ansprüche und neue Verwertungsrechte zuerkannt; insbesondere war das den Komponisten zustehende Aufführungsrecht nicht mehr davon abhängig, daß – wie noch im Urheberrechtsgesetz von 1871 – dieses als schriftlicher Vorbehalt des Autors auf den Noten gedruckt war.[101] Die Begünstigungen der Autoren scheinen für den Gesetzgeber Grund genug gewesen zu sein, das mit der einen Hand Gegebene im Gegenzug wieder einschränken zu können. So wurden die Schrankenbestimmungen des § 27 LUG damit begründet, daß es „zur Schonung herge-

---

99 AmtlBegr. In: UFITA 45, S. 240/244

100 Krüger-Nieland 1985, S. 182

101 E. Schulze 1981, S. 32

brachter Gewohnheit geboten (erscheint), für einige Ausnahmefälle die Aufführungen freizugeben."[102]

Auch Wirtschaftlichkeitsüberlegungen wurden zur Argumentation herangezogen, wenn ausgeführt wird, daß in den genannten Fällen die Einholung der Erlaubnis der Musikaufführung mit erheblichen, zum voraussichtlichen Ertrag in keinem Verhältnis stehenden Belästigungen verbunden wäre. Daß letzteres Argument seit der Gründung der ersten Verwertungsgesellschaft auf dem Gebiet der Musik, also mit Gründung der Anstalt für musikalische Aufführungsrechte (AFMA) und der Genossenschaft deutscher Tonsetzer (GdT) im Jahre 1903,[103] nicht mehr zutreffend war, hat der BGH bereits Anfang der fünfziger Jahre des vorigen Jahrhunderts zugestanden.[104]

Rechtfertigender Grund für eine Einschränkung des Aufführungsrechts zu Lasten des Urhebers kann ausschließlich ein Ausgleich der Interessen zwischen den Belangen der Allgemeinheit und denen des Urhebers sein; daß dessen ausschließliche Herrschaftsmacht durch überwiegende Bedürfnisse der Allgemeinheit begrenzt wird, ist ein allgemein anerkannter Grundsatz des Urheberrechts.[105] Dem Gedanken der Gemeinwohlinteressen folgt der Gesetzgeber schließlich, wenn er auf die Sozialbindung des Urheberrechts abstellt.

Das Urheberrechtsgesetz von 1965 hat versucht, diesen Prinzipien gerecht zu werden und die Schranken des Urheberrechts, die öffentliche Wiedergabe betreffend, in § 52 neu formuliert. Danach war jede öffentliche Wiedergabe ohne Erwerbszweck des Veranstalters zulässig, wenn die Teilnehmer ohne Entgelt zugelassen werden und bei Mitwirkung eines ausübenden Künstlers an diesen keine Vergütung bezahlt wird. Daneben sah § 52 eine formale Erweiterung der Schrankenbestimmung zu Lasten der Urheber vor, da im Gegensatz zu § 27 LUG nunmehr erstmals Musikwiedergaben bei kirchlichen Veranstaltungen von einer Vergütungspflicht ausdrücklich freigestellt wurden.[106]

---

102 Stenographischer Bericht über die Verhandlungen des Reichstages, 10. Legislaturperiode; hier zit. nach BGHZ 19, 227 (229 f.)
103 E. Schulze 1981, S. 46
104 BGHZ 19, 227 (230)
105 BGHZ 19, 227 (231)
106 Schricker/Melichar, 2. A., § 52 Rdnr. 3

Ursprünglich wollte der Gesetzgeber von 1965 bei den Ausnahmetatbeständen im Bereich der urheberrechtlichen Schranken enge Maßstäbe anlegen, um die Urheber nicht unbillig zu belasten. In allen Fällen, in denen das Verbotsrecht zu Gunsten der Allgemeinheit wegfiel, sollte zumindest ein Vergütungsanspruch gewährt werden.[107] Ergibt sich doch aus der grundgesetzlich verbrieften Garantie des geistigen Eigentums, daß nur solche urheberrechtlichen Schranken verfassungskonform sind, die den Urheber nicht übermäßig belasten und im Interesse der Allgemeinheit unbedingt erforderlich sind. Den Interessen der Allgemeinheit aber wird bereits dadurch Rechnung getragen, daß das Urheberrecht die Werknutzung in den genannten Fällen genehmigungsfrei ermöglicht.

Diesen Gesichtspunkten sollte der nunmehr seit der Urheberrechtsreform 1985 geltende neue § 52 ausreichend Rechnung tragen, da in seinem ersten Absatz eine grundsätzliche Vergütungspflicht eingeführt wurde.[108] So sind zwei Fallgruppen der erlaubnisfreien öffentlichen Wiedergabe geregelt; einmal eine vergütungspflichtige, die die Werknutzer in die Lage versetzt, Musik in bestimmten Fällen öffentlich wiederzugeben, ohne daß dies vom Urheber oder sonstigen Berechtigten verboten werden kann. Daneben sind Einzelfälle vorgesehen, bei denen die Wiedergabe kostenlos zu erfolgen hat, wenn diese im Sinn des Gesetzes keinen Erwerbszwecken dient. Während eine Beschränkung des absoluten Verbotsrechts des Urhebers zu Gunsten der Allgemeinheit als zumutbare Sozialbindung gerechtfertigt sein kann, bedarf es jedoch beim Ausschluß der Vergütung, also bei einer generell unentgeltlichen Wiedergabe, überwiegender Interessen des Gemeinwohls.[109]

Da die Vergütungspflicht de facto bei allen Veranstaltungen der Jugendhilfe, der Sozialhilfe, der Alten- und Wohlfahrtspflege, der Gefangenenbetreuung sowie für Schulveranstaltungen entfällt, soweit ein Erwerbszweck nicht gegeben ist, muß bezweifelt werden, ob diese umfassende Erlaubnis, Musik in jedem der in § 52 Abs. 1 S. 3 erwähnten Fällen kostenlos wiederzugeben, das geistige Eigentum der Urheber in verfassungsgemäßer Weise berücksichtigt.

---

[107] Reischl 1965, S. 3
[108] Schricker/Melichar, 2. A., § 52 Rdnr. 5
[109] BVerfGE 49, 382 *Kirchenmusik*

3.1.2 Schranken des Aufführungsrechts bei kultischer Kirchenmusik

Erklingt Musik während kirchlicher Feiern in kultischem Rahmen, so ist aus urheberrechtlicher Sicht in einem ersten Schritt zu prüfen, ob es sich dabei überhaupt um eine Aufführung im Rechtssinne handelt. Erst wenn diese Frage bejaht wird, kann bei einer solchen Wiedergabe das absolute Nutzungsrecht der betreffenden Urheber oder Verleger tangiert werden.

Wie bereits oben dargestellt, ist Voraussetzung für eine Aufführung im Sinne des Urheberrechts, daß gemäß §§ 15 Abs. 2 Nr. 1 und 19 eine persönliche Darbietung des Musikwerkes vor einem Zuhörerkreis erfolgt.[110] Unstreitig ist, daß es an einer persönlichen Darbietung fehlt, wenn Musik zum eigenen Vergnügen dargebracht wird,[111] wobei anzumerken ist, daß es in diesen Fällen regelmäßig auch am Tatbestandsmerkmal der Öffentlichkeit fehlt. Ein Sänger, der sich beispielsweise vor einem Konzert einsingt, ein Orchester, das unter Ausschluß der Öffentlichkeit probt, können zwar Teile von Werken der Musik oder auch vollständige Musikwerke aufführen; im Rechtssinne handelt es sich freilich um keine „persönliche Darbietung".

Differenzierter ist dies zu betrachten, wenn die Musikaufführung bei einer kirchlichen Feier, also zum Beispiel bei einem Gottesdienst, einer Messe, stattfindet. Von einigen wird angeführt, daß sich der Pfarrer, sei es ein katholischer oder evangelischer, in einer vergleichbaren Rolle befindet, wie der Leiter einer Unterhaltungskapelle; beide suchen Lieder aus, die dann vom Publikum mehr oder weniger freudig mitgesungen werden.[112] Bei aller Neutralität der juristischen Subsumtionstechnik wird hier dem Wesen kultischer Kirchenmusik aus der Nichtbeachtung vor allem des kirchlichen Selbstverständnisses, aber auch liturgischer kirchlicher Regeln nicht ausreichend Rechnung getragen.

Im Gegensatz zu Konzertveranstaltungen, seien es nun solche, bei denen das Publikum mitsingt oder nur zuhört, sind kirchliche Feiern ein konkreti-

110 AmtlBegr. In: UFITA 96, S. 130

111 Schricker/v.Ungern-Sternberg, 2. A., § 19 Rdnr. 5

112 Fromm/Nordemann/Nordemann 1988, § 52 Rdnr. 8

sierter Teil der staatlich garantierten Religionsfreiheit. Bei diesen, seien es Messen, Taufen, Beerdigungen, Prozessionen oder andere Kulthandlungen ist, da sie von Kirchen oder Religionsgemeinschaften durchgeführt oder mit durchgeführt werden, deren Sonderrechtsstatus zu berücksichtigen.

3.2 Die Autonomie der Kirchen und Religionsgemeinschaften in Bezug auf ihre kultische Musik

Das deutsche Staatskirchenrecht verleiht Kirchen und Religionsgemeinschaften das Recht, ihre Angelegenheiten im Wege der Selbstbestimmung autonom zu regeln.[113] Das Grundgesetz gewährleistet dies in Art. 140 GG und zwar durch einen Verweis auf die kirchenpolitischen Bestimmungen der Weimarer Verfassung (Art. 136-139, 141). Die verfassungsrechtlichen Wurzeln können daneben auch in Art. 4 GG gefunden werden, der die Glaubens-, Bekenntnis-, und Kultusfreiheit schützt.[114]

Das Selbstbestimmungsrecht der Kirchen ist neben der Religionsfreiheit und der Trennung von Kirche und Staat die dritte Säule der staatskirchenrechtlichen Ordnung in Deutschland.[115] Es spricht den Kirchen und Religionsgemeinschaften das Recht zu, ihre Angelegenheiten selbständig zu ordnen und zu verwalten. Von Bedeutung ist hierbei, daß die Kirchen das Recht haben, ihre Angelegenheiten gemäß den spezifischen kirchlichen Ordnungsgesichtspunkten, d.h., auf der Grundlage des kirchlichen Selbstverständnisses regeln zu können;[116] eingeschränkt wird diese Befugnis lediglich durch die für alle geltenden Gesetze. Der Staat betrachtet die Kirchen als Institutionen, die ihrem Wesen nach von ihm unabhängig sind und ihre Gewalt nicht von staatlicher Autorität herleiten.[117]

---

[113] Hesse 1994, S. 521
[114] a.a.O., S. 523
[115] Campenhausen 1996, S. 105
[116] BVerfGE 70, 138 (165)
[117] BVerfGE 66, 1 (19)

Wenn im Bezug auf das kirchliche Selbstbestimmungsrecht vom „Ordnen" und „Verwalten" der eigenen Angelegenheiten gesprochen wird, so sind an erster Stelle die kirchliche Lehre und der kirchliche Kultus zu nennen. In diesen beiden Bereichen haben die Kirchen die ausschließliche Kompetenz zu Gestaltung und Festsetzung.[118] Somit werden zu den eigenen Angelegenheiten die Glaubenslehre, der Gottesdienst und die Sakramente zu zählen sein.[119] Musik, die im Gottesdienst erklingt, wird also in einer „Veranstaltung" aufgeführt, deren Charakter zu regeln, eine genuine Angelegenheit der Kirchen ist. Sie ordnen ihren Kultus in einer vom Staat freigegebenen kirchlichen Rechtssetzung.[120]

Wenn im Vorangegangenen von kultischer Musik bei kirchlichen Feiern gesprochen wurde, so ist dabei das Selbstverständnis der Kirchen für die Begriffe „kultisch" und „außerkultisch" maßgeblich. In der katholischen Kirche wird die Bezeichnung „kultische Kirchenmusik" für die Musik verwendet, die Teil der Liturgie der Kirche ist.[121] Da die Verwendung und der Einsatz von Musik im Rahmen der katholischen Liturgie von herausragender Bedeutung sind, hat sich eine umfangreiche Gesetzgebung der Kirche mit dem Verhältnis von Liturgie und Kirchenmusik beschäftigt.[122]

So steht im Motu Proprio Pius X. „Über die Kirchenmusik" vom 22.11.1903 bereits in den Allgemeinen Grundsätzen, daß die Kirchenmusik ein wesentlicher Bestandteil der Liturgie ist. Was die Ziele der Aufführung musikalischer Werke im Rahmen der Messe sind, so wird ausgeführt, sie habe die liturgischen Texte zu verstärken, um die Gläubigen leichter zur Frömmigkeit zu bewegen und diese auf die Messfeier vorzubereiten.[123] Und zweiundfünfzig Jahre später bekräftigt Pius XII. in der Enzyklika „Musicae sacrae disciplina" vom 25.12.1955 die Aufgabe der Kirchenmusik, wenn gesagt wird, „daß sie die Stimmen des opfernden Priesters und des ... Volkes ... ziere und schmücke, die Herzen der anwesenden Gläubigen ... zu Gott erhebe und die liturgischen Gebete der christlichen Gemeinde lebendiger und ergriffener gestalte, auf daß alle den Einen und Dreieini-

118 Campenhausen 1996, S. 111
119 Jurina 1972, S. 121
120 Schulz 1980, S. 34
121 a.a.O., S. 35
122 vgl. Schmitt 1956
123 a.a.O., S. 10

gen Gott inbrünstiger und wirksamer lobpreisen und anflehen können."[124] Der deutliche Zusammenhang zwischen kultischer Kirchenmusik und Liturgie und die Zielgerichtetheit der Aufführung machen den Unterschied deutlich, der zwischen einer urheberrechtlichen persönlichen Darbietung und dem Gesang von Gemeinde und Priester besteht.

Diese Vorstellungen der katholischen Kirche wurden auch durch das II. Vatikanische Konzil aufrecht erhalten, das den mit dem Wort verbundenen kultischen Gesang als notwendigen und integrierenden Bestandteil der Liturgie (Sacrosanctum Concilium) bestätigte.[125] Wenn die Musik-Instruktion von 1967 bei der Definition der musica sacra festlegt, daß diese eine Musik sei, „quae, ad cultum divinum celebrandum creata et bonitate formarum praedita est" (also eine Musik, die zur Feier des göttlichen Kultes geschaffen und durch die Heiligkeit und Güte der Formen ausgezeichnet ist), dann wird neben der rein formalen Funktionalität sogar eine bewußt musikalische Distinktion der Klanggestalt gefordert.[126] Damit werden die Anforderungen an die kultische Kirchenmusik deutlich verfeinert und ausgeprägt.

Neben der kultischen Kirchenmusik gibt es nach dem Verständnis der katholischen Kirche eine solche, die außerhalb des Kults aufgeführt, aber dennoch von religiösem Charakter ist und in der Enzyklika *Musicae sacrae disciplina* „religiöse Musik" genannt wird. Es handelt sich dabei um „Volksgesang", der jedoch von der Kirche ausging und von ihr gefördert wurde. Er kann sowohl innerhalb der Kirchen – bei nicht-liturgischen Handlungen – als auch außerhalb Verwendung finden. Kultische und außerkultische Kirchenmusik werden von der katholischen Kirche funktional abgegrenzt, da sie einen anderen Stellenwert haben.[127]

Wenn im Vorangegangenen von „Kultus" die Rede war, so ist dies im Sinne des „cultus christianus" zu verstehen, wie ihn das vierte Buch des Codex Iuris Canonici (CIC) von 1983 beschreibt. Zwar ist die Unterscheidung zwischen „cultus publicus" und „cultus privatus", wie ihn noch der CIC von 1917 in c. 1256 vorgesehen hatte, aufgehoben, gleichwohl haben sich die dahinter stehenden Vorstellungen nicht verändert, daß die Liturgie im

---

[124] a.a.O., S. 58
[125] Schulz 1980, S. 36
[126] Steinschulte 1980, S. 43, Anm. 3
[127] Schulz 1980, S. 38

Gottesdienst nur von im Namen der Kirche rechtmäßig dazu beauftragten Personen ausgeübt werden kann (c. 834 §§ 1 und 2 CIC). Die liturgischen Handlungen beschreibt c. 837 CIC näher, wenn ausgeführt wird, daß sie „nicht private Handlungen, sondern Feiern der Kirche selbst" sind (§ 1); und § 2 verlangt, daß liturgische Handlungen eine gemeinsame Feier zum Gegenstand haben.

Zwei Formen der kultischen Kirchenmusik sind zu unterscheiden:

- amtlich vorgeschriebene Gesänge von Bischof, Priester und Diakon
- amtlich zugelassene kultische Gesänge von Schola, Chor (mit und ohne Instrumentalbegleitung), Vorsänger oder Kirchenvolk.[128]

Für die katholische Kirche ist diese Unterscheidung in „amtlich vorgeschriebene" und „amtlich zugelassene" kultische Gesänge urheberrechtlich insofern von Bedeutung, da § 5 Abs. 1 festlegt, daß amtliche Werke keinen Urheberschutz genießen. Eine urheberrechtlich relevante Aufführung von Musikwerken ist also nach katholischer Auffassung allenfalls bei amtlich zugelassenen kultischen Gesängen möglich.

Das evangelische Kirchenrechtsverständnis in Deutschland unterscheidet sich grundlegend vom katholischen. Ursache hierfür ist vor allem die Grundlage der lutherischen Kirchenverfassung, die von einem allgemeinen Priestertum aller Gläubigen ausgeht. Mit der Ablehnung der katholischen Unterscheidung von Laien und Klerus rücken die einzelnen Gläubigen und die Gemeinden als ecclesia spiritualis in den Vordergrund.[129] Im Sinne Luthers und seiner Rechtstheologie ruht die Kirche ausschließlich auf der Verkündigung des Evangeliums und auf dem Glauben. Diese Grundfesten erst schaffen die Gemeinde. So ist die Kirche als Gemeinschaft der Verkündigung nur in actu, also im Ereignis von Wort und Sakrament (Abendmahl) existent.[130] Dieses andere konstitutive Selbstverständnis der evangelischen Kirchen führt auch dazu, daß ein einheitliches von allen evangelischen Kirchen getragenes Grundverständnis des Kirchenrechts nicht gegeben ist. Gleichwohl gibt es Grundzüge eines evangelischen Kirchenrechts-

---

[128] a.a.O., S. 37
[129] Jurina 1972, S. 104
[130] Heckel, Art. *Rechtstheologie Luthers*. In: EvStL, 3. A., Sp. 2821

verständnisses, die als allgemein gültig angesehen werden können. Zu diesen Prinzipien gehört die Vorstellung, daß die Kirche nach eigenständigem Recht lebt.[131] So sind zur Ordnung des kirchlichen Lebens zahlreiche Rechtsregeln über den Gottesdienst, die Sakramente und andere wesentliche Kernbereiche in kirchenrechtlichen Vorschriften niedergelegt.

Die evangelische Gottesdienstordnung zeichnet sich durch eine große Bandbreite und Variabilität aus. Auf der einen Seite lehnt man sich beispielsweise bei den Gewändern der Priester und bestimmten liturgischen Formen an die der katholische Kirche an, vermeidet aber jede Verbindlichkeit. So hat schon Martin Luther in seinem „Taufbüchlein" (1523) und der „Deutschen Messe" (1526) den Gemeinden Vorschläge zur Gottesdienstordnung unterbreitet, verstand diese aber ohne Zwang zur Einheitlichkeit.[132] Zu berücksichtigen ist daneben, daß die verschiedenen reformatorischen Kirchen sich im Bezug auf die Ordnung des Gottesdienstes zum Teil erheblich unterscheiden. Auf die Differenzen zum Beispiel der Zwinglianer, Calvinisten oder anderer kann hier nicht weiter eingegangen werden. Was die reformatorische Gottesdienstordnung der Gegenwart in Deutschland betrifft, so handelt es sich in der Regel um Vorschläge, von denen die jeweilige Gemeinde auch abweichen kann.[133] Wenn auch in den evangelischen Kirchen Deutschlands, insbesondere in der Zeit nach 1933, vermehrte sogenannte „liturgische Bewegungen" entstanden, so basierten diese, wie zum Beispiel die „Berneuchener" oder die „Alpirsbacher" auf Initiativen, die privaten Charakter hatten; eine kirchenamtliche Genehmigung lag nicht vor. Nicht eine neue Gottesdienstordnung, sondern die Verabschiedung des „Evangelischen Kirchengesangbuchs" als erstem Einheitsgesangbuch der evangelischen Kirchen Deutschlands war das Ergebnis der offiziellen Liturgiearbeit Ende der vierziger Jahre des letzten Jahrhunderts.[134] Erst ab 1954 haben sich die evangelischen Kirchen offiziell in der „Agende für evangelisch-lutherische Kirchen und Gemeinden. Erster Band. Der Hauptgottesdienst ..." (Berlin, 1955) mit einer neuen Gottesdienstordnung beschäftigt. Aber auch diese Agenden behielten ihren Empfehlungscharakter zur Gestaltung des Gottesdienstes.[135]

---

131 Jurina 1972, S. 89

132 M. Heckel, Art. *Reformation, rechtsgeschichtlich.* In: EvStL, 3. A., Sp. 2140

133 W. Hoffmann. In: EvStL, 2. A., Sp. 1277

134 Blankenburg 1979, S. 294

135 a.a.O., S. 295

Für die Kirchenmusik in der protestantischen Theologie ist von Bedeutung, daß die evangelischen Kirchen sie unter die sogenannten Adiaphora zählen, sie also als etwas betrachten, das nicht heilsnotwendig ist. Kirchenmusikalische Zeremonien sind demnach stark variabel und in bestimmten Fällen sogar obsolet.[136] Begründet wird dies damit, daß nach evangelischem Denken im Gottesdienst unverzichtbar allein die Verkündigung des Wort Gottes ist, also die Predigt und die Verwaltung der Sakramente. Auch wenn von evangelischer Seite die Terminologie „kultische Musik“ Eingang in die Liturgiediskussion gefunden hat, so wird aber in der Auseinandersetzung um das Kirchen- und Gottesdienstverständnis der Unterschied zur katholischen Kirche besonders deutlich.[137]

Der Gottesdienst als Versammlung der Gemeinde „vollzieht sich in der Liturgie, die vom Wort Gottes her geordnetes Handeln ist.“[138] Die Verbundenheit der Gemeindemitglieder im Gottesdienst zeigt sich in Predigt, Gebet und heiligem Abendmahl. Inwieweit das gemeinsame Singen oder Hören von Musikwerken eine persönliche Darbietung im Rechtssinne darstellt, muß also im Einzelfall jeweils festgestellt werden. Festzuhalten bleibt auf jeden Fall, daß die liturgische Einbindung der Musik in den Gottesdienst der evangelischen Kirchen wesentlich schwächer ist, als in der katholischen.

3.3 Ringen um ein neues Urheberrecht

Nach dem Ende des zweiten Weltkriegs und dem Zusammenbruch der nationalsozialistischen Herrschaft bestand bei den Verantwortlichen das berechtigte Bedürfnis, das Urheberrecht von dem Ballast zu befreien, der sich zwischen 1933 und 1945 aus ideologischen Gründen breit gemacht hatte, und es auf neuen Grundlagen, insbesondere der Lehre vom geistigen Eigentum fortzuentwickeln.[139]

---

136 Blankenburg 1981, S. 4
137 Söhngen 1967, S. 191
138 Jurina 1972, S. 98
139 Schricker/Vogel, 2. A., Einl. Rdnr. 79

Neben diesen rechtstheoretischen Notwendigkeiten gab es jedoch auch ganz praktische; es galt Probleme, die bei der Durchsetzung urheberrechtlicher Ansprüche aufgetreten waren, zu beseitigen: Gastwirte und Hoteliers oder auch Vorsitzende von Vereinen, kurz viele Musiknutzer dachten nicht daran, in dieser wirren Nachkriegszeit das Urheberrecht und damit die urheberrechtlichen Ansprüche von Komponisten, Textautoren und Musikverlegern zu respektieren und weigerten sich folglich, Urheberrechtsvergütungen zu bezahlen.[140] In ihrem Bemühen, „über die vorbehaltlose Anerkennung des Urheberrechts nicht den geringsten Zweifel aufkommen zu lassen“[141], suchten die Urheber und deren Interessenvertreter auch Unterstützung von solchen Kreisen zu erhalten, die in dieser Zeit eine gesellschaftliche und unbelastete Integrität besaßen: die Kirchen in Deutschland.

3.3.1 Freiwillige Zahlungen der beiden großen Kirchen setzen Signale (1945-1956)

Parallel zu juristischen und politischen Aktivitäten begann die GEMA als Nachfolgeorganisation der Staatlich genehmigten Gesellschaft zur Verwertung musikalischer Urheberrechte (STAGMA) kurz nach dem Krieg mit dem Inkasso. Bereits für das Rumpfgeschäftsjahr 1.10. – 31.12.1948 sowie für das Geschäftsjahr 1949 konnte sie ein Vergütungsaufkommen von DM 21.066.019,46 verzeichnen. Was die Rechtsbeziehungen zu den Kirchen in Deutschland betraf, so gelang es, mit den evangelischen Kirchen mit Wirkung vom 1.1.1950 einen Pauschalvertrag für die Durchführung von Kirchenkonzerten abzuschließen. Danach verpflichteten sich die evangelischen Kirchen für Konzerte ohne Eintrittsgeld eine Pauschalgebühr von jährlich DM 3.000.-- und für Konzerte mit Eintrittsgeld eine Mindestpauschale von jährlich DM 9.000.-- zu bezahlen. Erstmalig war es damit gelungen, für Komponisten der Kirchenmusik Lizenzaufkommen zu inkassieren.[142]

---

[140] H. Aldenhoff, Die GEMA in der Nachkriegszeit. In: GEMA-Nachrichten 2/1949, S. 5

[141] a.a.O., S. 5

[142] GEMA-Nachrichten 6/1950, S. 7

Erste Bestrebungen nach 1945, das seit 1901 geltende LUG zu reformieren, führten 1950 zur Bildung einer Kommission für Urheberrecht beim Bundesjustizministerium. Diese sollte das Ministerium insbesondere bei der Vorbereitung der Urheberrechtsreform unterstützen. Berufen wurden: Professor Dr. de Boor, Rechtsanwältin Dr. von Erffa, Rechtsanwalt Dr. Kleine, Senatspräsident Kühnemann, Rechtsanwalt Dr. Möhring, Rechtsanwalt Dr. Plugge, Prof. Dr. Reimer, Rechtsanwalt Dr. Runge, Ministerialrat Dr. Schäder, Senatspräsident Schultze-Rhonhof, Generaldirektor Schulze, Herr Sellier und Prof. Dr. Ulmer.[143]

Auch auf Seiten der katholischen Kirche befaßte man sich Anfang der fünfziger Jahre intensiver mit dem Urheberrecht, insbesondere dessen Bedeutung für die Kirchenmusik und deren Schöpfer. So lud der damalige Bischof von Limburg, Wilhelm Kempf, zu einer Besprechung über die neu zu bildende „Kirchenmusikalische Kommission" der Fuldaer Bischofskonferenz ein, die maßgeblich auf Anregung von Johannes Overath initiiert wurde.[144]
Bereits auf der ersten Sitzung der Bischöflichen Kommission für Kirchenmusik zu Frankfurt/Main am 13.2.1951 beschäftigte man sich mit Fragen des Urheberrechts:

> Die viel besprochene Frage der Ablösungsrechte bezüglich der 'geschützten' Lieder innerhalb des E-Kanons verlangte nach allgemeiner Überzeugung dringend nach einer Lösung. Hierzu konnte Prof. Overath berichten.
>
> Er wurde beauftragt auf Vorschlag von Exz. Dr. Strohr, die Verhandlungen im Auftrage der Kommission weiterzuführen ..."

---

143 GEMA-Nachrichten 9/10/1950, S. 55

144 Einladungsschreiben v. 3.2.1951. In: OUA; vgl. insbes. das handschriftliche P.S. von Bischof Kempf an Overath:
„P.S. Lieber Herr Professor! In der Anlage übersende ich Ihnen mit herzlichem Dank für Ihre Ausführungen vom Anfang d.J. den Entwurf, der zugleich mit dieser Einladung an alle Herren des inneren Kreises herausgeht. Über die Personal-Fragen werden wir wohl bald einig sein. Wichtig ist sodann der zweite Punkt der Tagesordnung: Was als nächstes Ziel zu erstreben ist! Vielleicht könnten Sie mit H.H. Dr. Hatzfeld schon etwas korrespondieren über diese Frage. Auf frohes Wiedersehen!
Ihr + Wilhelm Kempf"

Und weiter unten heißt es:

> „Gegen Ende der Tagung wurde noch ein vorläufiges Programm der dringendsten Fragen, die zu behandeln wären, zusammengestellt:
>
> - Aufführungsrechte der Kirchenmusiker (Gema)
> - Kirchenmusik im Rundfunk
> - Kirchenmusik auf den Katholikentagen
> - die soziale Lage der Kirchenmusiker
> - die Pastoration der Kirchenchöre
> - Choraledition.“[145]

Aber auch von Seiten namhafter GEMA-Mitglieder wurde die katholische Kirche auf die urheberrechtlichen Probleme im Zusammenhang mit der Kirchenmusik hingewiesen. Vor allem das GEMA-Ehrenmitglied, der Komponist Joseph Haas, bemühte sich damals gemeinsam mit dem Juristen und Komponisten, Willy Richartz und Johannes Overath um eine Besserstellung der Kirchenkomponisten. Im Oktober 1951 übersandte Haas Bischof Kempf ein Memorandum, das alle diese Fragen aus Sicht der Komponisten darstellte. Kempf antwortete umgehend und verhieß Unterstützung.[146]

In seinem Memorandum vom 24.4.1951 mit dem Titel „Gedanken über den Tantiemeanspruch der katholischen Kirchenkomponisten in Deutschland“ setzte sich Haas im ersten Teil A. mit den kirchlichen Bestimmungen zur Kirchenmusik, insbesondere dem Motu proprio vom 22.11.1903 auseinander und argumentierte mit der Enzyklika „Mediator Dei“ vom 20.11.1947, daß auch päpstlicherseits die Pflege *„aller geeigneten Kompositionen* bis zu den Meistern unserer Tage ex cathedra“ empfohlen wird. Nach seinen Ausführungen stammten etwa ein Drittel der im Gottesdienst aufgeführten Kompositionen von zeitgenössischen Autoren, beziehungsweise solchen, deren Werke urheberrechtlich noch geschützt waren. Im zweiten Teil B. wurde auf die Gesetzeslage in Deutschland Bezug genommen, die der GEMA ein Inkasso nicht ermöglichte, da nach dem damals geltenden Ur-

---

145 Protokoll der 1. Sitzung der Bischöflichen Kommission für Kirchenmusik v. 13.2. 1951. In: OUA

146 Schreiben Bischof Kempf an Haas v. 29.10.1951. In: OUA

heberrecht die Musikaufführungen im Gottesdienst de facto freigestellt waren.

Haas anerkannte die grundsätzliche Zustimmung der Kirchen bezüglich urheberrechtlicher Ansprüche von Kirchenkomponisten, die sich etwa in einem Schreiben des Diözesan-Verbandes Köln vom 17.2.1951 und Äußerungen der evangelischen Kirchen im März 1951 manifestierte. Interessant ist sein Hinweis, daß in Österreich, Belgien, Frankreich, England, Italien, Norwegen, Niederlande und Schweiz bereits Vertragsabschlüsse mit den Kirchen erfolgt seien. Das Memorandum endete mit der Forderung:

> „Die Zubilligung des Entlohnungsanspruches findet ihren erkennbaren Ausdruck in einem rechtsgültigen Vertragsabschluß zwischen der Kirchen-Behörde und der Gema, der Verwalterin der Aufführungsrechte der Komponisten."[147]

Maßgebliche Unterstützung fanden die Forderungen Haas' wiederum durch Overath, wie sich aus einem Schreiben von Bischof Kempf ergibt:

> „Mit bestem Dank bestätige ich den Empfang Ihres Schreibens vom 27. cr mit den umfangreichen Anlagen, betreffend GEMA. ... Wir können daher alle unsere Fragen künftig wieder mit der nötigen Ruhe und Sorgfalt in Angriff nehmen und hoffentlich einer Lösung näherbringen."[148]

Daneben gelang es der GEMA auch mit der katholischen Kirche, nämlich dem Erzdiözesen-Verband Köln, rückwirkend zum 1.7.1950 einen Rahmenvertrag für Konzerte und gesellige Veranstaltungen abzuschließen.[149]

Im Rahmen eines Festaktes am 9.7.1952 in Köln kündigte der Vertreter des Bundesjustizministeriums noch einmal an, daß die Bundesregierung beabsichtige, ein neues Urheberrechtsgesetz zu schaffen, das die Gesetze von

---

[147] Haas, Gedanken über den Tantiemeanspruch der kath. Kirchenkomponisten in Deutschland v. 24.4.1951, S. 4. In: OUA
[148] Schreiben Bischof Kempf an Overath v. 28.9.1952. In: OUA
[149] GEMA-Nachrichten 11/1951, S. 27

1901 und 1907 ersetzen sollte.[150] Und bereits am 15.9.1952 sprach Willy Richartz als Stellvertretender Präsident des Deutschen Komponisten-Verbandes in einer Versammlung der deutschen Komponisten und Textdichter von deren „Forderungen an das neue Musik-Urheberrecht". Was die Vergütung für die Musikwiedergabe im Gottesdienst betrifft, so führte der Komponist aus:

> „Und wenn für das bei Gottesdiensten verbrauchte Licht an das Elektrizitätswerk Gebühren zu bezahlen sind, kurz, wenn die Kirche für alles, was gebraucht wird, bezahlt, dann stehen doch den Komponisten ebenso sicher Entgelte für die stattgefundenen Aufführungen zu.
>
> Mit dem Kauf der Noten – das sei hier ausdrücklich festgestellt – ist die Aufführung nicht abgegolten."[151]

Die sich anschließenden Verhandlungen zwischen GEMA und der katholischen Kirche bewertete Schulze als deren Generaldirektor in einem Schreiben an Overath vom 22.12.1952 wie folgt:

> „Ich darf Euer Hochwürden versichern, daß ich über die offiziellen Verhandlungen befriedigt und über die inoffiziellen Verhandlungen sogar glücklich bin. Die offiziellen Verhandlungen haben das unter den gegenwärtigen Verhältnissen Erreichbare ergeben, die inoffiziellen Verhandlungen öffnen uns die Möglichkeit, daß auch eines Tages für die Aufführungen urheberrechtlich geschützter Musik beim Gottesdienst Tantiemen an die Komponisten bezahlt werden."[152]

Und Overath war es auch, der Richartz gegenüber das erste Mal davon sprach, daß die katholische Kirche bereit sei, für vergütungspflichtige Konzerte einen jährlichen Pauschalbetrag von DM 10.000.-- an die GEMA zu bezahlen.[153] Dieser Vertrag wurde am 13.1.1953 zwischen a) den katholischen Diözesen Deutschlands und b) den katholischen Organisationen ei-

---

150 Rede Kühnemann v. 9.7.1952. In: GEMA-Nachrichten 15/1952, S. 27

151 Rede Richartz v. 15.9.1952, S. 28/29. In: OUA

152 Schreiben E. Schulze an Overath v. 22.12.1952. In: OUA

153 a.a.O.

nerseits und der GEMA andererseits abgeschlossen. Darin verpflichtete sich die katholische Kirche „für alle Veranstaltungen der Kirchenchöre bei Kirchenkonzerten, bei Dekanatsveranstaltungen zur Förderung der Kirchenmusik und bei Pfarrfamilienabenden eine Abgeltung sämtlicher Ansprüche der GEMA durch eine Pauschale“[154] vorzunehmen.

In einem zweiten Vertrag vom 18.5.1953[155] wurde festgelegt, daß Konzerte und andere Veranstaltungen der Kirchenchöre außerhalb der Kirche nach den Bestimmungen dieses Vertrages abzurechnen seien. Der Geltungsbereich umfaßte:

- Bund der deutschen katholischen Jugend (Haus Altenberg)
- Deutsche Kolpingsfamilie
- Katholischer Deutscher Frauenbund
- Arbeitsgemeinschaft katholischer Männerwerke
- Verband katholischer kaufmännischer Vereine
- Zentralverband der katholischen Frauen- und Müttergemeinschaften Deutschlands
- Schützenbruderschaft.

Die katholische Kirche hatte damit nicht nur die grundsätzliche Vergütungspflicht der von ihr oder ihr nahestehenden Organisationen durchgeführten Veranstaltungen bei Kirchenkonzerten, sondern auch die von der GEMA aufgestellten Tarife als angemessen anerkannt. Diese erste Annäherung der Positionen begleitete die katholische Kirche mit einem Bekenntnis zum Urheberrecht: „Durch diese Verträge will der deutsche Episkopat die Ansprüche der Komponisten auf angemessenen materiellen und rechtlichen Schutz ihrer Werke anerkennen und zu fruchtbarem Kunstschaffen anregen.“[156]

Im Rahmen des „Festakts der deutschen Komponisten, Autoren und Musikverleger am 29. Juni 1953 in Hannover“ unterstützte der Bundestagsab-

[154] Kirchliches Amtsblatt für die Erzdiözese Paderborn, 1953, Stück 11, S. 67
[155] a.a.O.
[156] a.a.O.

geordnete und stellvertretende Vorsitzende des kulturpolitischen Ausschusses im Deutschen Bundestag, Arno Hennig, die Vorstellungen und Forderungen der GEMA an ein neues Urheberrechtsgesetz. In seinem Festvortrag „Das geistige Eigentum und die Gesellschaft" ging er bereits in seiner ersten Forderung „Grundsätzlich sollte keine Verwertung von Urheberrechten möglich sein ohne Entgelt für den Autor" auf das Thema Musik im Gottesdienst ein:

> „Soweit für Gottesdienst, Urheberrecht und caritative Zwecke ein verständliches Begehren nach Unentgeltlichkeit besteht, sollte deren Gewährung im freien Belieben der Urheber stehen. Vielleicht wäre hier ein hochherziger Ausgleich möglich für die vielleicht nicht entbehrliche Amtshilfe bei Einziehung der Tantiemebeträge. Ein Rechtsanspruch auf Unentgeltlichkeit sollte generell verneint werden."[157]

Von dieser erstmals aus der Politik aufgegriffenen Forderung nach einer Vergütungspflicht für die Wiedergabe von Musik im Gottesdienst bis zu ihrer Verankerung im Gesetz sollten jedoch noch über dreißig Jahre vergehen.

Die Bemühungen um eine angemessene Entlohnung für die Musik im Gottesdienst gingen unermüdlich weiter. Insbesondere die Kirchenkomponisten versuchten nachhaltig, die Kirchen und ihre Repräsentanten von der Notwendigkeit einer Vergütung zu überzeugen. Zu diesem Zweck richteten am 27.7.1954 in Frankfurt Autoren und der Allgemeine Cäcilien-Verband eine schriftliche Petition an Bischof Kempf als den für die Musik zuständigen Referenten der Fuldaer Bischofskonferenz. Darin fordern sie einen Entschädigungsanspruch für Musikaufführungen im Raum der Liturgie, der von den stattgehabten Aufführungen auszugehen habe. Sie endet mit der Entschließung:

> „Die katholischen Kirchenkomponisten sprechen in Ehrerbietung vor dem Hochwürdigen Episkopat Deutschlands die Bitte aus, für ihr liturgisches Kunstschaffen auf Grund der dem Musikschöpfer naturgemäßen Aufführungsrechte entlohnt zu wer-

---

157 GEMA-Nachrichten 18/1953, S. 25 f.

den. Sie geben sich dabei der Hoffnung hin, daß Ew. Exzellenz sich bereitfinden, dieses Anliegen auf der diesjährigen Fuldaer Bischofskonferenz vorzutragen und Mittel und Wege zur praktischen Durchführung zu erwägen."[158]

Als positives Ergebnis konnte die von den Bischöfen daraufhin verfaßte Resolution gewertet werden, in der es heißt:

> „Die Fuldaer Bischofskonferenz betont ihr Verständnis für die Bemühungen der Kirchenkomponisten um die Wahrung ihrer Urheberrechte und beauftragt das kirchenmusikalische Referat der Fuldaer Bischofskonferenz, ihr geeignete Vorschläge auszuarbeiten, die bei der Verwaltung der Aufführungsrechte die gebührende Rücksicht auf den kultischen Charakter der liturgischen Musik gewährleisten."[159]

3.3.2 Die Entwürfe zum neuen Urheberrechtsgesetz

Parallel zu den Verhandlungen zwischen der GEMA und den Kirchen veröffentlichte das Bundesjustizministerium mit Datum vom 15.3.1954 die sogenannten Referentenentwürfe zur Urheberrechtsreform. Sie sahen in § 46 Abs. 1 Ziff. 2 vor, daß Aufführungen eines erschienenen Werkes bei einer kirchlichen oder staatlichen Feierlichkeit, zu der die Hörer ohne Entgelt zugelassen wurden, zulässig seien, mit dem Ergebnis, daß die Wiedergabe von Musik im Gottesdienst vergütungsfrei gewesen wäre.[160]

In seinem Vorwort stellte der damalige Justizminister Fritz Neumayer klar, daß mit der Bezeichnung „Referentenentwürfe" zum Ausdruck gebracht werden solle, „daß mit ihnen weder meine Auffassung noch der der Bundesregierung vorgegriffen wird."[161] Dennoch sorgten sie im Bereich der

158 Undatiertes Schreiben an Bischof Kempf. In: OUA
159 Overath 1961, S. 134
160 E. Schulze 1961, S. 29
161 Neumayer. In: Referentenentwürfe zur Urheberrechtsreform, Bonn 1954, S. V

urheberrechtlichen Wissenschaft sowie bei den sogenannten Beteiligten Kreisen für ein lebhaftes Echo.

Der Regelungsbereich von § 27 LUG fand sich im neuen § 46 wieder, der „Die Einschränkungen des Vortrags- und Aufführungsrechts" beinhaltete. In seinem Abschnitt I Nr. 2 heißt es:

> „(1) Zulässig ist der öffentliche Vortrag oder die öffentliche Aufführung eines erschienenen Werkes,
>
> ...
>
> 2. wenn der Vortrag oder die Aufführung bei einer kirchlichen oder staatlichen Feierlichkeit stattfindet, zu der die Hörer ohne Entgelt zugelassen werden;
>
> ...
>
> 5. wenn der Vortrag oder die Aufführung keinem Erwerbszweck des Veranstalters dient, für die Mitwirkung der vortragenden oder aufführenden Personen von dem Veranstalter keine besondere Vergütung bezahlt wird und die Hörer ohne Entgelt zugelassen werden. Im Sinne dieser Bestimmung dient der Vortrag oder die Aufführung bei einer Betriebsfeier keinem Erwerbszweck des Veranstalters."

In der Begründung zu dieser Vorschrift rechtfertigten die Verfasser des Referentenentwurfs die Einschränkungen damit, „daß in den bezeichneten Fällen die Interessen der Allgemeinheit an der freien Aufführung der Werke die Interessen des Urhebers überwiegen."[162] Wie diese Abwägung stattgefunden habe und was – wie in der Begründung ausgeführt wird – unter „verständiger Rücksichtnahme"[163] des Urhebers zu verstehen sei, wurde jedoch nicht weiter erläutert.

Auch die Begründung zu § 46 Abs. 1 Nr. 2 ist lapidar, wenn es heißt: „Das überwiegende öffentliche Interesse an der Aufführungsfreiheit für solche Veranstaltungen bedarf keiner näheren Darlegung."[164]

---

[162] a.a.O., S. 141
[163] a.a.O., S. 142
[164] a.a.O., S. 143

Auf der 10. Arbeitswoche der Internationalen Gesellschaft für neue katholische Kirchenmusik (IGK) vom 28. bis 31.8.1954 in Fulda stellte Overath in seiner Festansprache „Kirchenmusik und Urheberrechtsreform“ den Schutz insbesondere der Kirchenkomponisten in den Mittelpunkt und kritisierte darin ausdrücklich den vom Bundesjustizministerium vorgelegten Reformentwurf zum Urheberrechtsgesetz, der die Rechte der Urheber auf dem Gebiet der Kirchenmusik noch mehr einschränke. Overath qualifizierte schon damals eine Regelung, die eine Entlohnung der Kirchenkomponisten verhindere, als „entschädigungslose Enteignung“.[165] Als Generalpräses des Allgemeinen Cäcilien-Verbandes für Deutschland, Österreich und die Schweiz (ACV) rief er die Regierung auf, einen Entschädigungsanspruch für Musikaufführungen im Raum der Liturgie zu schaffen.[166]

Am 8.10.1954 legte Schulze unter dem Titel „Recht und Unrecht“ eine Studie zur Urheberrechtsreform vor. Im Vorwort kritisierte Richartz die Referentenentwürfe als einen „Vorschlag dazu, wie man die Urheber, besonders die Musikschöpfer, weiter in ihrer Verfügungsgewalt über das von ihnen Geschaffene beeinträchtigen, ja sie sogar ohne Entschädigung zugunsten interessierter Kreise enteignen könnte.“[167] Diese Äußerungen führten Richartz Kritik fort, wie er sie bereits in seinem Aufsatz „Unser Kampf für ein neues Musik-Urheberrecht“[168] hatte anklingen lassen.

Schulze befaßte sich ausführlich mit dem Problem der Vergütungsfreiheit von Musikaufführungen im Gottesdienst. Was die musikalische Ausgestaltung und die dahinter stehenden Aufführungsziffern betrifft, so errechnete er bei 52 Sonntags- und 12 bis 15 Festtagsämtern, 50 bis 80 Requiem- und Werktagsämtern (Singmessen, Engel-, Herz-Jesu- und Trauungsmessen u.ä.), 60 bis 100 Nachmittags-Gottesdienste (Andachten, Vespern und Abendmessen) eine erhebliche Anzahl von Aufführungen mit geschützter Musik.[169] Daneben wies er darauf hin, daß die beabsichtigte Regelung so-

---

165 Fuldaer Zeitung/Hünfelder Zeitung v. 1.9.1954
166 Overath 1961, S. 133
167 Richartz, Vorwort. In: E. Schulze - 2
168 Richartz, Unser Kampf für ein neues Musik-Urheberrecht. In: Musik und Dichtung, S. 7 f.
169 E. Schulze - 2, S. 11

gar eine Verschlechterung der Position der Musikurheber zum sogenannten Akademieentwurf von 1939[170] darstellte, der in § 39 vorsah:

> „(1) Zulässig ist der öffentliche Vortrag oder die öffentliche Aufführung eines erschienenen Werkes, wenn die Hörer ohne Entgelt zugelassen werden und der Vortrag oder die Aufführung keinem Erwerbszweck dient.
>
> Dies gilt jedoch nicht, wenn die vortragenden oder aufführenden Personen für den Vortrag oder die Aufführung eine Vergütung erhalten."

Schulze knüpfte hier an seine grundsätzliche Kritik an der Vergütungsfreiheit für Aufführungen von Musik im Gottesdienst an, wie er sie bereits früher am geltenden § 27 LUG geäußert hatte.[171]

Aber auch die Seite der Verwerter der Musik war nicht untätig geblieben. In einer „Äußerung zu den Referenten-Entwürfen zur Urheberrechtsreform" vom 30.10.1954 wandte sich der Deutsche Sänger-Bund e.V. (DSB) als Repräsentant von damals rund 460.000 aktiven und rund 570.000 passiven Mitgliedern, organisiert in 11.500 Vereinen, an die Abgeordneten des Deutschen Bundestages und die zuständigen Ministerien.

In der Entschließung, die auf der Verbandstagung des DSB vom 1. bis 3.10.1954 verabschiedet wurde, respektierte der DSB zwar das an sich verständliche und berechtigte Streben nach Einkommen und Existenzsicherung des Urhebers, interpretierte aber gleichwohl das Verhältnis Urheber/Veranstalter als eine patriarchalische Bindung zwischen Musikschaffenden und Verbrauchern. Konsequenterweise wurden daher auch die Sozialgebundenheit des geistigen Eigentums und die sich daraus nach Meinung des DSB ergebenden Beschränkungen des geistigen Eigentums zu Gunsten der Allgemeinheit in den Vordergrund gestellt.

---

170 Entwurf eines Urheberrechtsgesetzes. Vorschlag des Fachausschusses für Urheber- und Verlagsrecht der Deutschen Arbeitsgemeinschaft für gewerblichen Rechtsschutz und Urheberrecht in der Akademie für Deutsches Recht, 1939. In: GRUR 1939, S. 242 ff.

171 E. Schulze - 1, S. 33

Die im Referentenentwurf vorgesehenen Befreiungen von der Abgabepflicht wurden als eine nicht ausreichende Mindestforderung bezeichnet. Darüber hinaus erwartete der DSB vom Gesetzgeber folgende Umformulierung von § 46:

> „(1) Zulässig ist der öff. Vortrag oder die öff. Aufführung eines erschienenen Werkes,
>
> 1. wenn der Vortrag oder die Aufführung bei Volksfesten und Musikfesten stattfindet. Dies gilt nicht, wenn bei Musikfesten weniger als 2.500 Personen mitwirken;
>
> 2. wenn der Vortrag oder die Aufführung bei kirchlichen oder staatlichen Feierlichkeiten stattfindet, zu der die Hörer ohne Entgelt zugelassen werden;
>
> 3. wenn der Vortrag oder die Aufführung ausschließlich der Jugendpflege dient;
>
> 4. wenn der Reinertrag der Veranstaltung ausschließlich für wohltätige Zwecke bestimmt ist und für die Mitwirkung der vortragenden oder aufführenden Personen von dem Veranstalter keine besondere Vergütung bezahlt wird;
>
> 5. wenn der Vortrag oder die Aufführung keinem Erwerbszweck des Veranstalters dient, für die Mitwirkung der vortragenden oder aufführenden Personen von dem Veranstalter keine besondere Vergütung bezahlt wird und die Hörer ohne Entgelt zugelassen werden. Im Sinne dieser Bestimmung dient der Vortrag oder die Aufführung bei einer Betriebsfeier keinem Erwerbszweck des Veranstalters."

§ 46 Abs. 3 sollte lauten:

> „Aufführungen für den persönlichen privaten Gebrauch und Veranstaltungen, zu denen nur Vereinsmitglieder und ihre Angehörigen Zutritt haben, sind abgabefrei."[172]

---

[172] Entschließung des DSB v. 2.10.1954. In: OUA

Bei dieser Formulierung läßt sich beispielhaft ein zielgerichtetes Vorgehen mit Argumenten des Allgemeinwohls aufzeigen, das nur und ausschließlich die Eigeninteressen, hier des DSB und seiner Mitglieder, kamoufliert. Besonders deutlich wird dies bei der Lizenzfreistellung von Vereinsfesten, mit denen die allgemein gültige Definition des urheberrechtlichen Öffentlichkeitsbegriffs an versteckter Stelle, nämlich dem Teil der „Schranken des Urheberrechts", ausgehebelt werden soll.

Dies muß vor dem Hintergrund gesehen werden, daß der BGH in seiner Entscheidung vom 24.6.1954, also kurz vor der Abfassung der Stellungnahme des DSB, die Aufführung von Musik bei Betriebsfeiern nur dann für nicht erlaubnispflichtig angesehen hatte, wenn der Teilnehmerkreis über seine Zugehörigkeit zum Betrieb hinaus durch engere persönliche Beziehungen miteinander verbunden ist.[173] In seiner Entscheidung, die sich ausführlich mit dem Öffentlichkeitsbegriff auseinandersetzt, wie ihn der damalige § 11 LUG formuliert, betont das Gericht, daß das Anbringen von Schildern mit dem Hinweis „Geschlossene Gesellschaft" für die Qualifizierung der Veranstaltung als öffentlich bzw. nichtöffentlich keine Bedeutung hat.[174] Dieser urheber-freundlichen Auslegung des Öffentlichkeitsbegriffs durch den BGH wollte der DSB durch eine Veränderung der Gesetzeslage begegnen.

Im November 1954 kam es zu einem Beschluß des Vorstandes des Deutschen Komponistenverbandes zu den Referentenentwürfen.[175] Darin brachten die Deutschen Komponisten zum Ausdruck, daß der damals vorliegende Entwurf nicht den Forderungen entspreche, die die musikschaffenden Künstler an das neue Gesetz stellen.[176] Unter der Überschrift „Staatliche Veranstaltungen" heißt es:

> „12. Es ist selbstverständlich, daß dort, wo die Allgemeinheit ohne Rücksicht auf den Geldbeutel, der dem einzelnen zur Verfügung steht, Zutritt zu den Werken der Kunst haben soll,

---

173 GRUR 1955, S. 549

174 a.a.O., S. 550

175 Beschluß des Vorstands des Deutschen Komponistenverbandes zu den durch das Bundesjustizministerium veröffentlichten Referentenentwürfen zur Urheberrechtsreform vom November 1954. In: OUA

176 a.a.O., S. 1

der Staat entsprechend die Musikschöpfer für die Aufführung ihrer Werke oder für sonstigen Gebrauch zu entschädigen hat, wie er es auch in anderen Bereichen der Kunst und Wissenschaft tut."

Hier wurde also wiederum der Forderung Ausdruck verliehen, bei erlaubnisfreier Nutzung von urheberrechtlich geschützten Werken, den Urhebern, die diese Einschränkung ihres geistigen Eigentums hinzunehmen haben, wenigstens einen Vergütungsanspruch für die entgangenen Lizenzen einzuräumen.

Um die Position der katholischen Kirche bezüglich der Referentenentwürfe zur Urheberrechtsreform in Erfahrung zu bringen, wandte sich der Bundesminister der Justiz an das Katholische Büro in Bonn:[177]

Einleitend wird darin die aktuelle Rechtslage erläutert, die öffentliche Musikaufführungen bei Gottesdiensten, kirchlichen Hochzeitsfeiern und Beerdigungen genehmigungsfrei zuläßt. Diese umfassende Freistellung sollte durch eine Neuregelung eingeschränkt werden (§ 46 Abs. 1 Nr. 5 des Referentenentwurfs). Für Musikaufführungen im Gottesdienst wären hiernach Vergütungen zu bezahlen, wenn die ausübenden Künstler ein gesondertes Honorar erhielten. Da dies nicht gewollt sei, sehe § 46 Abs. 1 Nr. 2 vor, daß ... Aufführungen bei einer kirchlichen Feierlichkeit, zu der die Hörer ohne Entgelt Zutritt haben, ohne weiteres frei zulässig sind. Da gegen diese Formulierung Bedenken erhoben wurden und im übrigen darauf hingewiesen wurde, „daß die Kirche selbst keinen Wert darauf legt, daß zu ihren Gunsten eine Ausnahmevorschrift geschaffen werde, sondern daß sie bereit sei, für Musikaufführungen bei kirchlichen Feierlichkeiten die Vergütung an die Komponisten zu zahlen", erbat das Ministerium eine Stellungnahme von Seiten der katholischen Kirche.

Auch die evangelischen Kirchen waren in den Willensbildungsprozeß einbezogen. In einem Schreiben der evangelischen Kirchen vom 25.2.1955 an den Komponisten Pepping informierten sie darüber, daß gegen § 46 Ziffer

---

177 Schreiben Bundesminister der Justiz v. 24.11.1955 an das Katholische Büro. In: OUA

1-4 des Entwurfes in weiten Kreisen der Öffentlichkeit ernsthafte Bedenken vorhanden seien. Weiter heißt es:

> „Die Herren des Justizministeriums machten darauf aufmerksam, ohne daß die Kirche von sich aus irgendetwas zu tun brauche, werde sie, sofern § 46 Ziffer 5 in das Gesetz aufgenommen werde, mindestens hinsichtlich ihrer gottesdienstlichen Musik in weitem Umfang völlig freigestellt sein. In diesem Falle bedürfe es also nicht einer besonderen Bestimmung zugunsten der Kirchen- oder der Schulmusik.
>
> ...
>
> Die Referenten des Ministeriums waren sich dessen bewußt, daß die von katholischer und evangelischer Seite am 7.2.1955 erarbeiteten Vorschläge, auch § 46 Ziffer 5 des Gesetzesentwurfs in Frage stellen würden. Nach Lage der Verhältnisse wäre es den Referenten recht, die an § 46 Ziffer 5 gerne festhalten wollen, am liebsten, wenn die Kirchen sich stillschweigend mit der Lösung einverstanden erklären würden, die von Abs. 1 des § 46 lediglich Ziffer 5 aufrecht erhielten.
>
> ...
>
> Für den Fall, daß § 46 Abs. 1 Ziffer 5 falle, erhalte der von den kirchlichen Vertretern erarbeitete Gesetzesvorschlag eine gewisse Bedeutung.“[178]

Mit Datum vom 17.3.1955 wandte sich das Bischöfliche Ordinariat Augsburg an das Kirchenmusikreferat der Deutschen Bischofskonferenz in Limburg und teilte diesem mit, daß die mit der Bearbeitung der Frage beauftragten kirchlichen Sachbearbeiter vorschlagen, „eine Ausnahmebestimmung zugunsten der Kirche, wie sie in § 46 des Referentenentwurfs vorgesehen ist, abzulehnen.“[179] Im weiteren Verlauf des Schreibens wurde um eine Stellungnahme des zuständigen Referats der Fuldaer Bischofskonferenz gebeten, die dann am 26.3.1955 erfolgte. Darin führte der Generalvikar des Bistums Limburg/Lahn aus, daß „die Frage, ob bei einer künftigen Urheberrechtsreform eine gesetzliche Ausnahmebestimmung zugunsten der

---

[178] Schreiben Evangelische Kirche in Deutschland an Prof. Pepping und andere v. 22.2.1955, S. 3. In: OUA

[179] Schreiben Bischöfliches Ordinariat Augsburg v. 17.3.1955 an das Hochwürdigste Bischöfliche Ordinariat Limburg. In: OUA

Kirche zu bejahen oder zu verneinen sei ... dem gesamten Episkopat ... vorbehalten bleiben sollte.“[180] Dementsprechend legte das kirchenmusikalische Referat der Fuldaer Bischofskonferenz 1955 die auftragsgemäß erarbeiteten Vorschläge vor, die das Katholische Büro Bonn mit Schreiben vom 6.5.1955 dem Bundesminister der Justiz übermittelte.

Dieser von Prälat Böhler unterzeichneten Stellungnahme waren langwierige Abstimmungsprozeduren vorausgegangen.[181] Im Ergebnis war die Position der katholischen Kirche von einem tiefen Gerechtigkeitsempfinden geprägt, das sogar eigene materielle Interessenlagen in den Hintergrund drängte. Obwohl das Bundesjustizministerium in seinem Referentenentwurf die Kirche von Vergütungszahlungen für die Wiedergabe von Musik im Gottesdienst freistellen wollte, sprach sich die katholische Kirche gegen ihre eigene Privilegierung aus; sie hielt bereits die damals bestehende Vorschrift des § 27 LUG für mit dem Grundgesetz nicht vereinbar, da die Gefahr einer entschädigungslosen Enteignung der Urheber gegeben sei. Die gleichen Bedenken erweckte § 46 des Referentenentwurfs zur Urheberrechtsreform. Zur Begründung dieser Bestimmung weise der Referentenentwurf auf die soziale Bindung des Urheberrechts hin. Hier entstehe eine Reihe von Fragen. Warum sollten die Urheber wegen der sozialen Bindung die von ihnen geschaffenen Werke unentgeltlich der Allgemeinheit zur Verfügung stellen, wenn man andererseits beim Eigentum an materiellen Gütern eine Enteignung zum Wohl der Allgemeinheit nur gegen eine Entschädigung zulasse?

Und man schloß mit der Aussage:

> „Aus diesen Erwägungen heraus müssen wir gegenüber den im Referentenentwurf vorgesehenen Ausnahmebestimmungen des § 46 unsere starken Bedenken anmelden, zumal eine solche Einschränkung des Urheberrechts interessierten Kreisen allzu

---

180 Schreiben Generalvikar des Bistums Limburg/Lahn v. 26.3.1955 an das Hochwürdigste Bischöfliche Ordinariat Augsburg. In: OUA

181 Schreiben Böhler v. 7.5.1955 an Overath und andere: „... Ich musste die Formulierung noch einmal ändern, nachdem sts. des Bischöflichen Generalvikariats Münster noch Einspruch gegenüber unserem ersten Entwurf erhoben wurde. Auch Se. Eminenz, der Hochwürdigste Herr Kardinal, meldete Bedenken an. Die jetzige Formulierung erfüllt ihren Zweck aber vollständig ...“ In: OUA.

> leicht als Begründung für eine weitere Verkümmerung des Urheberrechts dienen könnte.“[182]

Daß es zwischen der vom Bundesjustizministerium eingesetzten Sachverständigen-Kommission für Urheberrecht und den Verfassern des Referentenentwurfs erhebliche Meinungsverschiedenheiten gegeben hatte, machte das Ausscheiden von Professor Möhring aus diesem Gremium deutlich. Schulze, als Mitglied der Kommission, wandte sich in einem Schreiben vom 19.4.1955 an den damaligen Justizminister Neumayer und betonte noch einmal,

> „es ist eine Tatsache, daß der veröffentlichte Referentenentwurf eines Urheberrechtsgesetzes in seinen wesentlichen Punkten erheblich von dem Entwurf der Sachverständigen-Kommission abweicht.“[183]

Aus den nachfolgend von Schulze zitierten Stellungnahmen der Mitglieder de Boor (v. 26.9.1954) und von Erffa (v. 11.10.1954) wird deutlich, daß insbesondere der § 46 des Referentenentwurfs nicht mit den Vorschlägen der Kommission übereinstimmte.

Neben den rechtspolitischen Bestrebungen und Bewegungen machten sich die Beteiligten bereits Gedanken zur Durchführung eines etwaigen Inkassos. So befaßte sich Schulze in einem Schreiben vom 6.2.1955 an Overath auch mit praktischen Fragen zur Verwaltung der Aufführungsrechte für Musikaufführungen im Gottesdienst, die er in einem Memorandum zusammenfaßte. Er betonte darin, daß im Falle einer Zahlung von Aufführungstantiemen „selbstverständlich auf den kultischen Charakter der liturgischen Musik Rücksicht genommen“ werde.[184] Diese werde sich nach drei Richtungen zu bewegen haben:

---

[182] Schreiben Katholisches Büro Bonn v. 6.5.1955 an den Bundesminister der Justiz. In: OUA

[183] Schreiben E. Schulze v. 19.4.1955 an den Bundesminister der Justiz. In: OUA

[184] Memorandum als Anhang zum Brief E. Schulze v. 6.2.1955 an Overath. In: OUA

- Höhe der Tantiemen
- Verwaltungskosten
- Verteilung der Tantiemen.

Demnach sagte die GEMA zu, bei Zahlungen der katholischen Kirche keine Verwaltungskosten abzuziehen, um die Einbußen der Berechtigten nicht noch weiter zu vergrößern. Die Verteilung der Einnahmen sollte auf Grund der von der IGK gemachten Angaben erfolgen.[185]

Im selben Schreiben informierte Schulze Overath von einem Besuch des Komponisten Strube am 31.1.1955, bei dem es um die Haltung der GEMA zum Referentenentwurf, insbesondere zum neuen § 46 gegangen sei, der Regelungen für Musikaufführungen im Gottesdienst enthielt. Strube habe vorgeschlagen, § 46 so zu formulieren, daß die Musik zwar ohne Zustimmung der Urheber im Gottesdienst aufgeführt werden könne, diesen aber ein Anspruch auf angemessene Vergütung zuerkannt werde. Schulze bekräftigte Overath gegenüber, daß sich die GEMA unter seiner Führung gegen die vorgeschlagene gesetzliche Regelung aussprechen werde.[186]

Im April 1955 konnten die Kirchenkomponisten einen ersten deutlichen wirtschaftlichen Erfolg verzeichnen: in einem Schreiben der Kirchenkanzlei der Evangelischen Kirche in Deutschland vom 7.4.1955 erklärte diese:

> „Nachdem in dem von der Synode der Evangelischen Kirche in Deutschland bewilligten Haushaltsplan für 1955 besondere Mittel für den Gema-Vertrag vorgesehen sind, ist es nicht mehr notwendig für die endgültige Regelung der Gema die Zahlung aller, auch der kleinsten Gliedkirchen zu erlangen. Die Mehrzahl der Gliedkirchen hat sich längst damit einverstanden erklärt, in der künftigen Regelung auch eine Pauschale für gottesdienstliche Musik vorzusehen. In diesem Sinn könnte nunmehr der Vertrag mit der Gema ergänzt werden. Die Pauschale hierfür dürfte 8.000.-- DM betragen, sodaß dann insgesamt Pauschalsummen von 16.500.-- DM im Jahr an die Gema

[185] a.a.O., S. 2 f.
[186] Brief E. Schulze v. 6.2.1955 an Overath. In: OUA

> zu zahlen wären. Von großer Bedeutung ist hierbei allerdings die Frage, welche Verpflichtungen der Gema in dem Vertrag hinsichtlich der Pauschale für gottesdienstliche Musik auferlegt werden müssen."[187]

Damit war, zumindest bei den evangelischen Kirchen erreicht, wofür die Urheber und ihre Interessenvertreter über Jahre gekämpft hatten: eine Anerkennung, wenn auch „praeter legem"[188], des Urheberrechts im gottesdienstlichen Bereich.

Daß selbst die Vertreter der evangelischen Kirchen den Pauschalbetrag von DM 8.000.-- jährlich für zu gering erachteten, geht aus einem Schreiben von Schulze an Overath hervor, in dem er von einer Besprechung am 7.5.1955 berichtete, an der er mit den Komponisten Strube, Reimann und Pepping teilgenommen habe:

> „Es ist beabsichtigt, jedes Haushaltsjahr einen Betrag für diesen Zweck zur Verfügung zu stellen. Die Vertreter der Kirche halten den bisher bewilligten Betrag für viel zu niedrig, haben jedoch die Hoffnung, daß in absehbarer Zeit eine angemessene Erhöhung zu erreichen sein wird. Wichtig ist, daß überhaupt erst einmal grundsätzlich eine Zahlung anerkannt wurde."[189]

Daneben wies Schulze Overath darauf hin, daß damit der – moralische – Druck im Bezug auf eine Anerkenntnis der Vergütungspflicht auch gegenüber der katholischen Kirche erhöht werden könne und bat Overath, sich in diesem Sinne bei den zuständigen Stellen einzusetzen.

In einem undatierten Vermerk[190] faßte Overath die Regelung in der Evangelischen Kirche Deutschlands im Bezug auf Musikaufführungen im Gottesdienst zusammen. Diese Ausführungen fanden Eingang in den Entwurf

---

187 Schreiben v. Harling v. 7.4.1955 an DDr. Söhngen. In: OUA

188 Overath, Betr. Musikaufführungen im Gottesdienst, Köln 10.5.1979, S. 1. In: OUA

189 Schreiben E. Schulze v. 9.5.1955 an Overath. In: OUA

190 Vermutlich in der Zeit zwischen Mai und August 1955, da er sich auf Informationen des Briefes von Schulze bezieht und Bischof Kempf sich im August 1955 mit der Angelegenheit beschäftigte.

eines Vermerks des Bischofs von Limburg als Referent der Fuldaer Bischofskonferenz für die Fragen der Kirchenmusik vom 10.8.1955. Der Entwurf, der vermutlich von Overath für Kempf gefertigt wurde[191], regt erstmals von katholischer Seite eine Vergütung für die Musikaufführungen im Gottesdienst an:

> „... Die im Protokoll Fulda 1954 geforderte Rücksichtnahme auf den kultischen Charakter der liturgischen Musik muß in doppelter Hinsicht erfolgen: 1) in Bezug auf die *Höhe der Beiträge* und 2) auf die *Art der Verwaltung*. Ad 1): *Begründung*: Bei kultischer Musik müssen andere Maßstäbe angelegt werden wie bei Musikaufführungen mit gewerblichen Zwecken. *Vorschlag*: Nachdem die evangelische Kirche Deutschlands bereits für das Jahr 1955 eine vorläufige Pauschale von annähernd DM 10.000.-- für Musikaufführungen im Gottesdienst gezahlt hat, wird eine Pauschale von DM 10.000.-- vo rgeschlagen ... cf. Nr. 35."

Bereits auf der IGK-Tagung in Augsburg vom 5. bis 11.10.1955 konnte Overath die Mitgliederversammlung darüber informieren, daß die Fuldaer Bischofskonferenz beschlossen hatte, den Kirchenkomponisten für „Musikdarbietungen in der Liturgie" Aufführungsvergütungen zu bezahlen, die unter besonderer Berücksichtigung des kultischen Charakters der Musik im Gottesdienst über die GEMA erfolgen sollten.[192]

Auf der außerordentlichen Mitgliederversammlung der GEMA vom 23. bis 24.1.1956 in Hamburg bestätigte Schulze diese von Overath gemachte Information. In einem Telegramm vom 24.2.1956 informierte Overath darüber, daß die katholische Kirche „1955 für Musikdarbietungen im Gottesdienst DM 10.000.-- (in Worten DM zehntausend) bewilligt hat."[193] Genauso wichtig wie die Zahlung der avisierten Geldbeträge war nach Meinung Schulzes, daß die katholische Kirche bereits 1954 durch die Fuldaer Bischofskonferenz das uneingeschränkte Recht der Urheber und ihrer Werke anerkannt hatte.

---

[191] Vermerk v. 10.8.1955. In: OUA
[192] GEMA-Nachrichten 26/1955, S. 26 f.
[193] GEMA-Nachrichten 28/1956, S. 9

So positiv die Bereitstellung von Geldern für die Wiedergabe von Musik im Gottesdienst durch die katholische und die evangelischen Kirchen war, so darf doch nicht vergessen werden, daß es sich um Zahlungen handelte, die auf freiwilliger Basis erfolgten. Dies kommt insbesondere in einer Erklärung der evangelischen Kirchen zum Ausdruck, in der es heißt:

> Bei der Bereitstellung von Mitteln ... sei die Kirche von dem Wunsch ausgegangen, den schöpferischen Kräften in der zeitgenössischen Kirchenmusik auch auf diesem Wege Dank und Anerkennung zum Ausdruck zu bringen und sie zu weiterem Schaffen für den Gottesdienst anzuregen.“[194]

Die katholische und die evangelischen Kirchen hatten also, beginnend mit dem Jahr 1956, Zahlungen an die GEMA für Musik im Gottesdienst geleistet. Dies geschah auch im Bereich der katholischen Kirche im Wissen darum, daß diese Leistungen „praeter legem“ erbracht wurden. Später, ab Mitte der sechziger Jahre sollte sich im Bereich der katholischen Kirche jedoch die Meinung verfestigen, weitergehende Forderungen der Kirchenkomponisten, insbesondere im Hinblick auf eine gesetzliche Fixierung ihrer Ansprüche, wenn nicht schon zu verhindern, so auf keinen Fall tatkräftig zu unterstützen.[195]

Die für die Kirchenkomponisten unbefriedigende Rechtslage wirkte sich auch auf zukünftige Vereinbarungen zwischen den Kirchen und der GEMA aus. So heißt es noch im Vertrag zwischen dem Verband der Diözesen Deutschlands und der GEMA vom 24.10.1968 nicht nur, daß die Zahlungen der Kirche auf freiwilliger Basis erfolgen; vielmehr erhalten die Kirchen von der GEMA das Recht zugesprochen, auf die Verteilung der Gelder unter Berücksichtigung des kultischen Charakters der liturgischen Musik Einfluß zu nehmen.

Die Positionen der katholischen und evangelischen Seite wurden auch gegenüber dem Bundesjustizministerium im Rahmen der damaligen Arbeit an der Urheberrechtsnovelle vorgetragen. Anläßlich einer Besprechung am 18.7.1956 im Bundesjustizministerium befaßten sich Vertreter der Kirchen

---

[194] E. Schulze 1961, S. 28
[195] Schulz 1979, S. 14

und der Verwaltung ausführlich mit dem Entwurf des neuen § 46. Dabei betonten sie den Einsatz der Kirchen für das natürliche Recht auf geistiges Eigentum, das stärker als bisher geschützt werden müsse. So sollten grundsätzlich alle öffentlichen Vorträge und Aufführungen von der Zustimmung des Autors abhängig gemacht werden. Angesichts der Zahlungen an die GEMA forderten die Kirchenvertreter, daß dem Urheber in jedem Fall für sein Werk eine Vergütung gezahlt werden müsse.

Im kirchlichen Bereich sollten dem Urheber jedoch keine Genehmigungsrechte zuerkannt werden, um die Hoheit der Kirche bei der Gestaltung der Gottesdienste nicht zu beeinträchtigen. Im Gegenzug war man bereit, einen Vergütungsanspruch der Autoren zu akzeptieren. Die Abgrenzung der genehmigungsfreien zu den genehmigungspflichtigen kirchenmusikalischen Veranstaltungen wurde für folgende Bereiche erörtert:

a) Aufführungen von kirchenmusikalischen Werken (Abgrenzungen nach dem Werk)

b) Veranstaltungen und Aufführungen beim Gottesdienst bzw. bei gottesdienstlichen oder religiösen Handlungen, z.B. Taufen, Begräbnissen, Trauungen, Prozessionen usw.

c) alle Aufführungen, die *durch die Kirche* veranstaltet werden (also auch Veranstaltungen im Pfarrsaal, Jugendheim, usw. einschließlich geselliger Veranstaltungen mit Tanz)

d) Aufführungen und Veranstaltungen innerhalb des Kirchenraumes.

Man einigte sich schließlich auf die folgende Formulierung:

> „Zulässig ist der öffentliche Vortrag oder die öffentliche Aufführung eines erschienenen Werkes bei kirchlichen Feierlichkeiten oder bei sonstigen Vorträgen oder Aufführungen, die

von der Kirche oder einer Religionsgemeinschaft des öffentlichen Rechts veranstaltet werden.“[196]

Damit sollten alle Aufführungen genehmigungsfrei sein, bei denen die Kirche Veranstalter ist.

Daß aber auch die Beiträge der übrigen Beteiligten von Eigeninteressen geprägt waren, zeigte der Einsatz der Vertreter des Bundesinnenministeriums, die sich „sehr energisch“ für die Beibehaltung der Ziffer 3 von § 46 („zulässig ist ... 3. wenn der Vortrag oder die Aufführung ausschließlich der Jugendpflege dient“) einsetzten und für dessen Abschaffung die Vertreter des Justizministeriums als Vertreter des Urheberrechtsressorts ebenso heftig eintraten.

Was das weitere Procedere im Bezug auf die Neuformulierung von § 46 betraf, so kristallisierten sich drei Meinungen heraus:

a) § 46, Ziffer 3 ersatzlos streichen (Auffassung Justizministerium)

b) § 46, Ziffer 3 bestehen lassen (Auffassung Innenministerium)

c) Jugend- und Schulmusikpflege soll genehmigungsfrei, aber vergütungspflichtig sein. Diese Vergütungspflicht müsse von den öffentlichen Trägern, z.B. vom Bund und den Ländern erfüllt werden (Auffassung der Kirche).

Der nach langer Diskussion gefundene Kompromiß lautete:

> „Zulässig ist der öffentliche Vortrag oder die öffentliche Aufführung eines erschienenen Werkes, wenn der Vortrag oder die Aufführung von einer Jugendorganisation veranstaltet wird, der Ertrag der Veranstaltung ausschließlich der Jugendpflege

---

196 Undatierter Aktenvermerk Dr. Panzer, Katholisches Büro, Bonn. In: OUA

> dient und für die vortragenden oder aufführenden Personen keine Vergütung bezahlt wird."[197]

Gleichwohl war es nicht gelungen, die beabsichtigte Urheberrechtsreform noch in der zweiten Legislaturperiode des Deutschen Bundestages zu verabschieden, die im September 1957 endete. Dennoch bemühten sich die für die Erneuerung des Urheberrechts und die Stärkung der Autoren eintretenden Institutionen und Personen nachhaltig, eine grundsätzliche Reform des Urheberrechts durchzusetzen. Die Bedeutung der freiwilligen Zahlungen der katholischen und den evangelischen Kirchen wurde damals verstärkt in die Diskussion eingebracht. So führte Peter Nellen, MdB, in seinem Vortrag bei der 30. Generalversammlung des Allgemeinen Cäcilienverbandes (ACV) am 15.6.1957 „Zur Reform des Urheberrechts in internationaler Sicht" dazu aus:

> „Es kann gar nicht deutlich genug ausgesprochen und nicht dankbar genug anerkannt werden, daß gerade der deutsche katholische Episkopat einer solchen besseren Urheberrechtsgesetzgebung präjudiziell den wertvollsten Dienst dadurch geleistet hat, daß er sich unter wirklich übergeordneten Gesichtspunkten zu einer konkreten Maßnahme entschlossen hat, nämlich das Tantiemerecht auch für die Kirchenmusik nicht nur anzuerkennen, sondern auch zu fordern. Diese Entscheidung ist von größter praktischer Bedeutung. Heute und in Zukunft ist es nicht mehr möglich, kirchliche oder kirchlich-gottesdienstliche Belange als willkommen und vielfach frivol benutzten Vorwand für eine Durchlöcherung des Urheberrechts durch Ausnahmen jeder Art zu mißbrauchen."[198]

Doch erst im August 1959 legte das Bundesjustizministerium den sog. Ministerialentwurf eines Gesetzes über Urheberrechte und verwandte Schutzrechte vor. In einem Bulletin des Presse- und Informationsamtes der Bundesregierung vom 1.9.1960 hieß es dazu, daß unter Auswertung der zahlreichen Stellungnahmen die Referentenentwürfe des Jahres 1954 überarbeitet worden seien. Und weiter unten:

---

197 a.a.O.

198 Nellen 1958, S. 9

„Die Schranken, denen das Urheberrecht als sozial gebundenes Recht unterliegt, sind zugunsten des Urhebers gegenüber dem Referentenentwurf des Urheberrechtsgesetzes zum Teil wesentlich gemildert. So soll insbesondere die öffentliche Aufführung urheberrechtlich geschützter Werke nur noch in wenigen Ausnahmefällen frei zulässig sein. ...“[199]

Die im Referentenentwurf in § 46 enthaltenen Regelungen finden sich nunmehr im Ministerialentwurf in § 49, der folgenden Wortlaut hat:

„(1) Zulässig ist der öffentliche Vortrag oder die öffentliche Aufführung eines erschienenen Werkes,

1. wenn der Vortrag oder die Aufführung keinem Erwerbszweck des Veranstalters dient, für die Mitwirkung der vortragenden Personen keine besondere Vergütung bezahlt wird und die Hörer ohne Entgelt zugelassen werden. Dient die Veranstaltung den gewerblichen Zwecken eines Dritten, so hat dieser dem Urheber eine angemessene Vergütung zu gewähren.

2. wenn der Vortrag oder die Aufführung bei einer kirchlichen Feierlichkeit oder bei einer anderen Veranstaltung der Kirchen oder sonstigen Religionsgesellschaften des öffentlichen Rechts stattfindet. Jedoch ist dem Urheber für den Vortrag oder die Aufführung eine angemessene Vergütung zu gewähren; dies gilt auch dann, wenn die in Nr. 1 Satz 1 aufgeführten Voraussetzungen vorliegen.

(2)...“[200]

Bemerkenswert an diesem Entwurf ist die Implementierung eines in jedem Falle vorgesehenen Vergütungsanspruches bei der Wiedergabe von Musik im Gottesdienst. Es fällt aber auf, daß die Veranstalter der übrigen Bereiche wesentlich besser gestellt werden. Dies betonen auch die Mitglieder eines

---

[199] Bulletin Presse- und Informationsamt der Bundesregierung vom 1.9.1959. In: GRUR 1959, S. 478

[200] Ministerialentwurf eines Gesetzes über Urheberrecht und verwandte Schutzrechte. In: INTERGU 16, S. 90

Arbeitsausschusses der Internationalen Gesellschaft für Urheberrecht (INTERGU)[201] und fordern darüber hinaus:

> „Da der Ministerialentwurf offenbar den Vergütungsanspruch in Abweichung von Ziffer 2 nur deshalb gewährt, weil er einem Wunsch der Kirchen entspricht, sollte auch der weitere Wunsch der Fuldaer Bischofskonferenz ... Berücksichtigung finden, daß bei der Verwaltung der Aufführungsrechte die gebührende Rücksicht auf den kultischen Charakter der liturgischen Musik gewährleistet werden soll."[202]

Mit Datum vom 23.3.1962 veröffentlichte die Bundesregierung schließlich ihren Entwurf eines Gesetzes über Urheberrecht und verwandte Schutzrechte.[203] Die im Ministerialentwurf in § 49 niedergelegten Formulierungen finden sich nunmehr in § 53 wieder, der redaktionell, aber nicht inhaltlich geändert wurde. In ihrer Begründung ging die Bundesregierung ausführlich auf die Abgrenzung des Urheberrechts gegenüber den Interessen der Allgemeinheit ein. Eine sachgemäße Abgrenzung der Rechte des Urhebers gegenüber den berechtigten Interessen der Allgemeinheit wurde als Kernproblem der Reform verstanden.[204] Für den Bereich der Wiedergabe von Musikaufführungen bei kirchlichen Veranstaltungen betonte die Bundesregierung, daß die Einführung eines Vergütungsanspruches bei gleichzeitiger Erlaubnisfreiheit einer Anregung der Kirchen entspricht.[205]

Die Stellungnahme des Bundesrats, die dieser in seiner 240. Sitzung am 2.2.1962 abgegeben hatte, forderte eine Erweiterung der Erlaubnisfreiheit von Musikwiedergaben für Schulveranstaltungen, indem die Nr. 1 von § 53 Abs. 1 lauten sollte:

> „1. Wenn die Wiedergabe keinem Erwerbszweck des Veranstalters dient, die Teilnehmer ohne Entgelt zugelassen werden

---

201 Prof. Dr. Hubmann, Prof. Dr. Liermann, Prof. Dr. Overath, Dr. Richartz, Dr. Schulze, Prof. Dr. Süss; vgl. INTERGU 19, Vorw. S. 1

202 a.a.O., S. 20

203 M. Schulze 1997, S. 349 ff.

204 a.a.O., S. 402

205 a.a.O., S. 404

oder bei öffentlichen Schulveranstaltungen lediglich ein Beitrag zur Deckung der Unkosten erhoben wird."

3.3.3 Der Wandel der offiziellen katholischen Auffassung

Bereits vor Verabschiedung des Urheberrechtsgesetzes 1965 war bekannt geworden, daß die Katholische Kirche eine gesetzliche Vergütungspflicht expressis verbis verhindern und damit in einer weiteren Konsequenz, die „praeter legem" geleisteten Zahlungen zumindest in Frage stellen wollte. Gegen diese Auffassung wandten sich katholische Komponisten in einem Schreiben vom 11.1.1965 an den Vorsitzenden der Fuldaer Bischofskonferenzen, Kardinal Frings. Deutlich wird darin darauf hingewiesen, daß sich die Situation der Kirchenkomponisten bei einem gesetzlichen Ausschluß von Vergütungen für Musik im Gottesdienst qualitativ verändern würde.[206]

Der Wandel der offiziellen katholischen Auffassung zeichnete sich bereits zu Beginn der sechziger Jahre des vorigen Jahrhunderts ab. In einem Schreiben des Bischofs von Limburg – als Referent der Fuldaer Bischofskonferenz für die Fragen der Kirchenmusik – vom 30.4.1962 an die Ordinarien der deutschen Erzbistümer und Bistümer wurde die Position der Kirche in diesem Bereich zu Art. 53 des Regierungsentwurfs verdeutlicht und eine Harmonisierung mit dem Beschluß der Fuldaer Bischofskonferenz von 1954 angemahnt, um die Rechte der Kirchenkomponisten zu wahren.[207] In einem weiteren Schreiben an Prälat Wissing als dem Vorsitzenden der kirchlichen Urheberrechtskommission vom 2.5.1962 betonte Bischof Kempf:

---

[206] Akten Overath, S. 13: „Die bisherige innerkirchliche Vergütung war gewiß eine rechtliche Tat, die man in der Zeit der Urheberrechtsreform nicht hoch genug bewerten kann. Die in ihr enthaltene Tendenz zielte doch darauf ab, daß auch der Staat sich zu einem Vergütungsanspruch bekennen sollte. Der innerkirchlichen Vergütung kommt in Zukunft nach Verabschiedung des Urheberrechtsgesetzes nicht mehr jener Wert zu, wie sie ihn in der Zeit der Gesetzesentwicklung hatte. Sie war mehr von moralischer als von wirtschaftlicher Bedeutung."

[207] Schreiben Bischof Kempf an die Ordinarien der deutschen Erzbistümer und Bistümer v. 30.4.1962. In: OUA

„... Es liegt mir viel daran, daß der Beschluß der Fuldaer Bischofskonferenz betr. Kirchenkomponisten bei einer offiziellen Stellungnahme zu dem Gesetzesentwurf gebührend berücksichtigt wird. Der Fuldaer Beschluß hat damals bei unseren Kirchenkomponisten ein sehr dankbares Echo ausgelöst und ihr Verhältnis zum Episkopat in erfreulicher Weise gefördert."[208]

Doch die Stimmung im Katholischen Büro Bonn bzw. der Urheberrechtskommission war nicht mehr dieselbe wie im Jahre 1954. Es mehrten sich bereits die Zeichen, daß Kreise der katholischen Kirche ein Vorantreiben der Urheberrechtsreform boykottieren und die Einführung eines Vergütungsanspruches für die Kirchenkomponisten verhindern wollten.[209]

Diesen Kurswechsel hatten die evangelischen Kirchen nicht mitvollzogen, wie dies aus einem Schreiben der Kirchenkanzlei der Evangelischen Kirche in Deutschland (EKD) vom 21.10.1964 hervorgeht. Oberkirchenrat von Harling berichtete über die im Katholischen Büro in Bonn herrschende neue Auffassung, die sich aus einer am 2.5.1964 an das Bundesjustizministerium „im Namen der deutschen Bischöfe" gerichteten Eingabe zum Regierungsentwurf für ein neues Urheberrechtsgesetz ergab:

„Es wird behauptet, daß die Kirchen für die Gewährung eines Vergütungsanspruchs für Musikaufführungen im Gottesdienst

---

208 Schreiben Bischof Kempf an Wissing v. 2.5.1962. In: OUA

209 Schreiben Overath an Bichof Kempf v. 15.6.1962. In: OUA: „Leider muß ich Ew. Exzellenz mitteilen, daß sich hierzulande gar nichts getan hat. Es wäre mehr als bedauerlich, wenn auch in Kreisen der kirchlichen Justitiare die Interessen über das Sachkundige gestellt würden. Jedenfalls habe ich diesen Eindruck bei einem Gespräch mit Dr. Westhoff gehabt ..."; Briefentwurf Ermecke an Erzbischöflichen Oberrechtsrat Westhoff, in OUA: „ ... Betonen möchte ich hier jedoch,

1.) daß sowohl die staatliche Gesetzgebung als auch die kirchliche Stellungnahme nicht hinter der Entwicklung der Rechtsprechung des Bundesgerichtshofs zurückgehen dürfen, vielmehr deren Richtung weiterhin sachgerecht verfolgen müssen;

2.) daß ich sehr verwundert bin über die Methoden, mit denen in den letzten Zeiten bei uns die Fragen der Urheberrechtsreform behandelt wurden. Wenn solche Methoden Schule machen sollten, dürfte man sich nicht wundern, wenn eines Tages manche katholischen Wissenschaftler die Lust zur fachlichen Mitarbeit verlieren würden. ..."

nur für den Fall eingetreten seien, daß ein Vergütungsanspruch in jedem Falle, also auch in den Fällen von § 53 Abs. 1 Nr.1 (Schulveranstaltungen, Staatliche Feiern u.a.) des Entwurfs gegeben werde. Von dieser Voraussetzung war aber u.E. früher keine Rede.

...

In Anbetracht ... erschien es nicht ungerechtfertigt, den Kirchen in diesen Fällen eine Vergütungspflicht aufzuerlegen. Gerade seitens der Katholischen Kirche war besonderer Wert darauf gelegt worden, was mit der naturrechtlichen Eigentumslehre der Katholischen Kirche begründet wurde, die auch für das geistige Eigentum geltend zu machen sei."[210]

Auf diesen Widerspruch habe man das Katholische Büro in Bonn hingewiesen. In einem vorläufigen Bescheid wurde mitgeteilt, daß die Stellungnahme voraussichtlich darauf hinauslaufen werde, daß das Katholische Büro von seiner im Jahre 1956 vertretenen Auffassung zugunsten der neuen Stellungnahme abrücken werde. Für die evangelischen Kirchen stellte sich daher die Frage, welche Konsequenzen sich daraus für die eigene Position ergeben solle. Man war der Meinung, daß der Kurswechsel der katholischen Kirche keinesfalls mitgemacht werden könne.

Die Stellungnahme der GEMA vom Juni 1962 zum Regierungsentwurf befaßte sich unter Nr. 6 mit den Ausnahmen vom ausschließlichen Aufführungsrecht und forderte in Übereinstimmung mit der Position der Kirchen

„für die Urheber das uneingeschränkte ausschließliche Aufführungsrecht für alle öffentlichen Aufführungen und Übertragungen. Zugunsten der Kirchen soll jedoch kein Verbotsrecht, sondern lediglich ein Vergütungsanspruch geltend gemacht werden."[211]

210 Schreiben v. Harling an Ranke und andere v. 21.10.1963. In: OUA
211 Stellungnahme GEMA zu beabsichtigten Urheberrechtsreform. In: GEMA-Nachrichten 54/1962, S. 7

Im Gesetzentwurf vom 23.3.1962[212] sah § 53, der sich mit der öffentlichen Wiedergabe von Musik im Gottesdienst beschäftigte, vor:

> „(1) Zulässig ist die öffentliche Wiedergabe eines erschienenen Werkes,
>
> ...
>
> 2. wenn die Wiedergabe bei einer kirchlichen Feierlichkeit oder bei einer anderen Veranstaltung der Kirchen oder sonstigen Religionsgesellschaften des öffentlichen Rechts stattfindet; jedoch hat stets der Veranstalter dem Urheber für die Wiedergabe eine angemessene Vergütung zu gewähren, ..."

Und richtig wurde in der Begründung zum Gesetzesentwurf der Vergütungsanspruch gerechtfertigt:

> „... Diese Erweiterung der Ausnahmebestimmung erscheint vertretbar, weil in allen Fällen des Absatzes 1 Nr. 2 dem Urheber ein Vergütungsanspruch gewährleistet werden soll, und zwar selbst dann, wenn an sich zugleich die Voraussetzungen für eine vergütungsfreie Werknutzung nach Abs. 1 Nr.1 gegeben wären. Der umfassende Vergütungsanspruch entspricht einer Anregung der Kirchen und beruht auf der Erwägung, daß für Werke der Kirchenmusik eine Verwertung außerhalb kirchlicher Veranstaltungen kaum in Betracht kommt, die Urheber dieser Werke ohne den Vergütungsanspruch also keine ausreichenden Einnahmen aus ihren Werken erhalten würden."[213]

Was die parlamentarische Behandlung der Urheberrechtsreform anging, so mußte man feststellen, daß der Bundestag an einer raschen Verabschiedung der Novelle vorerst nicht interessiert war.[214] Erst am 6.12.1963 fand die erste Lesung der vier Gesetzesentwürfe zum neuen Urheberrecht statt. Für die Vergütungspflicht bei der Wiedergabe von Musik im Gottesdienst wiederholte Bundesjustizminister Ewald Bucher in der Debatte die Argumente,

---

212 M. Schulze 1997, S. 349 ff.

213 M. Schulze 1997, S. 490

214 Dokumentation der parlamentarischen Behandlung von Grundfragen der deutschen Urheberrechtsreform. In: UFITA-Schriftenreihe 38, S. 297

wie sie in der Begründung des Regierungsentwurfs bereits zu finden waren und lobte die Haltung der Kirchen, die hier mit einem sehr guten Beispiel vorangingen, da sie sich für einen wirtschaftlichen Interessenausgleich mit den Urhebern eingesetzt hatten.[215]

Auch nach Beginn der parlamentarischen Beratungen versuchten die interessierten Kreise sich Gehör zu verschaffen. Es wurde nun zunehmend deutlich, daß der Vergütungsanspruch, wie er von den Kirchen bei der Wiedergabe von Musik im Gottesdienst akzeptiert und gefordert worden war, auch für die übrigen in § 53 geregelten Fälle zur Anwendung kommen sollte. In der Stellungnahme der INTERGU zur Urheberrechtsreform wurde dieser Gedanke besonders klar hervorgehoben.[216]

Auf katholischer Seite bemerkten Overath und Ermecke den Meinungswandel und Kurswechsel im Katholischen Büro in Bonn, der sich wiederfand in einer unter dem 2.5.1964 an das Bundesjustizministerium gerichteten Eingabe „im Namen der deutschen Bischöfe“ zum Regierungsentwurf für ein neues Urheberrechtsgesetz. Darin vertrat die katholische Kirche durch das Katholische Büro in Bonn eine Position zu § 53, die, wie von evangelischer Seite berichtet wurde, im vollkommenen Gegensatz zu der in früheren Verhandlungen stand. So wurde behauptet, daß beide Kirchen für die Gewährung eines Vergütungsanspruches für Musikaufführungen im Gottesdienst nur für den Fall eingetreten seien, daß ein Vergütungsanspruch in jedem Falle, also auch in den Fällen von § 53 Abs. 1 Nr. 1 (Schulveranstaltungen, Staatliche Feiern u.a.) des Entwurfs, vorgesehen werde.[217] Die Ausführungen zu § 53 lauteten:

> „In Absatz 1 erscheint die unterschiedliche Regelung der gleichgelagerten Sachverhalte in Ziffer 1 und Ziffer 2 nicht berechtigt und nicht vertretbar, weil hier die Kirche einem Son-

215 Bucher. In: GEMA-Nachrichten 59/1964, S. 6

216 Stellungnahme INTERGU zur Urheberrechtsreform, 1964. In: OUA; zu § 53: „Die hier offensichtliche Ungerechtigkeit gegenüber den Kirchen glaubt man damit zu rechtfertigen, daß die Kirchen sich freiwillig zur Tantiemezahlung bereitgefunden hätten. Dies haben sie aber doch nicht getan, um andere Veranstalter in der Tantiemefrage besser zu stellen, sondern um mit ihrem Verzicht auf eine Ausnahmeregel zu vermeiden, daß die anderen Veranstalter in Mißachtung des geistigen Eigentums sich auf Ausnahmen berufen.“

217 Schreiben Kirchenkanzlei der EKD v. 21.10.1964. In: OUA

derrecht unterworfen wird. Ziffer 2 ist daher ersatzlos zu streichen. Absatz 1 sollte dahin erweitert werden, daß die Genehmigungsfreiheit bei einer öffentlichen Wiedergabe eines erschienenen Werkes auch für Zwecke der Jugendpflege und Erwachsenenbildung gilt."[218]

Dieser Stellungnahme waren folgenschwere Kompetenzstreitigkeiten zwischen verschiedenen katholischen Einrichtungen vorausgegangen. Bereits mit Schreiben vom 30.4.1962 hatte sich Bischof Kempf wegen einer Stellungnahme der katholischen Kirche zur Urheberrechtsreform an die Ordinarien der deutschen Erzbistümer und Bistümer gewandt mit dem Ergebnis, daß Overath und Ermecke in die Meinungsbildung eingebunden wurden. Es gelang beiden, das Katholische Büro auf einer Sitzung am 13.12.1962 zu einer Anerkennung des Vergütungsanspruches in § 53 zu bewegen. In einer Sitzung am 5.6.1963 in Stuttgart, bei der Overath nicht anwesend war, wurde diese Auffassung jedoch wieder rückgängig gemacht. Diese für die Urheber ungünstige Position wurde dann von der Plenarkonferenz der deutschen Bischöfe am 28.11.1963 im Collegio Teutonico di S. Maria dell' Anima, Rom, als Stellungnahme der deutschen Bischöfe beschlossen.

Mit dem Meinungsumschwung im Katholischen Büro in Bonn stellte sich für die evangelischen Kirchen die Frage, welche Konsequenzen sich aus diesem Verhalten ergeben würden. Die Kirchenkanzlei der EKD wollte den Kurswechsel der katholischen Kirche nicht mitmachen. So versuchte man in Gesprächen, einen gemeinsamen Standpunkt beider Kirchen zum Thema Urheberrechtsnovelle wieder zu erlangen. Zu einer Sitzung am 22.2.1965 waren auf evangelischer Seite auch die Vertreter der evangelischen Kirchenmusik eingeladen, während auf katholischer Seite weder das Kirchenmusikalische Referat noch die Vertreter der Kirchenmusik informiert und eingeladen waren.

So war es also das Katholische Büro in Bonn, das nicht nur die Distanzierung gegenüber der GEMA, sondern auch die Verschärfung des § 53 betrieb. Aufschlußreich hierzu ist der Inhalt eines Schreibens von evangelischer Seite, das v. Harling unter dem Datum des 14.6.1966, also nach Ver-

---

[218] Stellungnahme Verlagsrechtskommission der Deutschen Bischöfe v. 4.5.1965. In: OUA

abschiedung des Urheberrechtsgesetzes vom 9.9.1965, an den Vorstand der GEMA gesandt hatte:

> „Im Nachgang ... versichern wir hiermit ausdrücklich, daß wir uns mit Nachdruck darum bemühen werden, noch in dieser Legislaturperiode des Bundestags eine Novelle zum Urheberrechtsgesetz zwecks Änderung von § 52 in dem von uns in Übereinstimmung mit der GEMA stets angestrebten Sinne zu erarbeiten.
>
> Wir weisen darauf hin, daß die evangelischen Kirchen in Deutschland – im Gegensatz zur katholischen Kirche – ihre Auffassung in dieser Angelegenheit bisher noch niemals geändert hatten und nur deshalb auf einen Kompromißvorschlag eingegangen waren, weil auf andere Weise ein Zusammenarbeiten mit dem Katholischen Büro nicht zu erreichen war. Nachdem sich dieses Verfahren als nutzlos erwiesen hat, werden wir künftig unsere Auffassung vertreten, ohne Rücksicht darauf, wie sich das Katholische Büro verhalten wird. Immerhin haben wir schon vor Monaten die Außenstelle der Kirchenkanzlei in Bonn angewiesen, sich um eine Verständigung mit dem Katholischen Büro zu bemühen. Wir werden aber unsere eigenen Schritte von dem Erfolg dieser Bemühungen nicht abhängig machen.“[219]

Der Meinungsumschwung der katholischen Kirche rief eine lautstarke Reaktion katholischer Kirchenkomponisten hervor, die sich in einem Schreiben vom 11.1.1965 an den Vorsitzenden der Fuldaer Bischofskonferenz, Kardinal Frings, wandten und ihre Enttäuschung über den „Kurswechsel“ der katholischen Seite zum Ausdruck brachten. Darin heißt es:

> „Man scheint sich auf katholischer Seite darauf zu berufen, daß eine von den Bischöfen bestellte Juristenkommission nicht den Vergütungsanspruch der Urheber an sich in Zweifel ziehen wollte, sondern daß sie nur Bedenken hatte gegen eine rechtliche Ausnahmestellung der Kirche. Wenn man aber ei-

[219] Schreiben v. Harling an E. Schulze v. 14.6.1966. In: OUA

nen Rechtsanspruch anerkennt, kann man ihn doch wohl nicht mit dieser Begründung fallen lassen und den vermeintlichen Ausnahmeparagraphen gegen den Rechtsanspruch der Komponisten verändern lassen. Im ersteren Fall wird nicht die Gerechtigkeit verletzt, denn die Kirche hat den Rechtsanspruch der Komponisten doch anerkannt, während aber nach dem jetzt vorliegenden Text ein Ausnahmeparagraph gegen die Komponisten, d.h. gegen die Gerechtigkeit, geschaffen werden soll.

...

Der Vergleich ist so absurd, daß man fast Hemmungen hat, ihn niederzuschreiben. Wenn es bei dem vom Katholischen Büro – im Alleingang ohne Evangelisches Büro – gutgeheißenen Gesetzestext bleibt, wird in Zukunft durch dieses Gesetz die kulturell bedeutsame Musik ... noch mehr benachteiligt."[220]

Zwischenzeitlich hatte der Rechtsausschuß des Deutschen Bundestag einen Unterausschuß „Urheberrecht" eingesetzt, der in der Zeit vom 8.1.1964 bis zum 17.2.1965 17 Sitzungen durchführte, ebenso wie der vom Ausschuß für Kulturpolitik und Publizistik eingesetzte Unterausschuß.

Die in den Sitzungen am 8.4., 5.5. und 6.5.1965 verabschiedeten Entwürfe sahen nunmehr keine Vergütungspflicht für die Wiedergabe von Musik im Gottesdienst vor, wie dies noch im Regierungsentwurf der Fall war. In seiner Stellungnahme vom 14.5.1965 führte der Rechtsausschuß hierzu aus:

> „Bedenken hatte der Ausschuß jedoch hinsichtlich der in Absatz 1 Nr. 2 für kirchliche Veranstaltungen vorgesehenen Sonderregelung. Er hält es zwar für gerechtfertigt, solche Veranstaltungen stets vom Verbotsrecht des Urhebers freizustellen, empfindet es jedoch als eine Verletzung des Gleichheitsgrundsatzes, ausgerechnet die Kirchen auch in den Fällen des Absatzes 1 Nr. 1 ... zur Zahlung einer Vergütung zu verpflichten. Auch die Kirchen haben inzwischen dieser Regelung widersprochen."[221]

---

[220] Schreiben katholischer Komponisten an Kardinal Frings v. 11.1.1965. In: OUA

[221] Dokumentation zur Deutschen Urheberrechtsreform. In: UFITA 46-I, S. 186

Obwohl das Katholische Büro in Bonn im Ergebnis den gesetzlichen Vergütungsanspruch abgelehnt hatte, wandte sich Schulze noch am 20.5.1965 in einem Schreiben an Kardinal Frings, um die katholische Kirche zum Einlenken zu bewegen:

> „... Wird die vorgeschlagene neue Fassung Gesetz, so bedeutet dies, daß die Kirchenkomponisten in der Regel keine Vergütung zu beanspruchen hätten. ... Es wird darum niemandem verständlich gemacht werden können, warum ... Schranken errichtet werden sollen, die u.a. dazu führen, daß die Komponisten sich schlechter stehen, als Architekten, Bildhauer, Maler, Orgelbauer oder Paramentenkünstler, von denen niemand erwartet, daß sie ihre Werke ohne jedes Entgelt zur Gestaltung der Liturgie und der Erbauung der Gläubigen zur Verfügung stellen. Meine Bitte ist deshalb an beide Kirchen, daß sie gegen die vom Rechtsausschuß vorgeschlagene neue Fassung ... protestieren und Gerechtigkeit für die Kirchenkomponisten verlangen.“[222]

Daneben unternahmen Overath und Ermecke auf Rat von Bischof Kempf einen letzten Versuch, um in persönlichem Gespräch mit Bischof Leiprecht, dem Referenten der kirchlichen Verlagsrechtskommission, eine positive Entscheidung des deutschen Episkopats herbeizuführen. Obwohl beide Kirchen noch einmal einen Gegenvorschlag formuliert hatten, der sich für eine Vergütungspflicht aussprach, konnte sich diese Auffassung nicht durchsetzen.[223] Nach Meinung des Leiters der Kirchenkanzlei der Evangelischen Kirchen der Union, Söhngen, haben die jungen Herren vom kath. Büro ihre Parlamentsnähe dazu genutzt, „zweigleisig zu fahren.“[224]

Der Deutsche Bundestag verabschiedete das neue Urheberrechtsgesetz in zweiter und dritter Lesung am 25.5.1965. Vor allem der Abgeordnete Nellen (SPD) setzte sich vehement für die Anliegen der Kirchenkomponisten ein:

---

222 Schreiben E. Schulze an Kardinal Frings, v. 20.5.1965. In: OUA
223 Schreiben Söhngen an E. Schulze v. 4.6.1965. In: OUA
224 Schreiben Strube an E. Schulze v. 8.6.1965. In: OUA

„Um so mehr halte ich es für eine Inkonsequenz, wenn trotz erheblicher und anerkennenswerter Verbesserungen doch in dem § 53, wie er uns jetzt vorliegt, wieder Einschränkungen vorgenommen werden. Das gilt ganz besonders für den Teil der Bestimmung, der sich mit den Ausnahmen für die kirchliche Musik, für die musica sacra, befaßt. ... Wollen wir nicht ernsthaft in Erwägung ziehen, grundsätzlich eine meines Erachtens inkonsequente Einschränkung in dem sonst verbesserten Gesetz auszubügeln, und uns vielleicht entscheiden, den § 53 ersatzlos zu streichen?"[225]

Und weitsichtig stellte der Berichterstatter Reischl (SPD) fest:

„Es wäre aber sehr wohl – das möchte ich in aller Deutlichkeit sagen – zu rechtfertigen, daß alle Beteiligten, also auch der Staat bei seinen Schulfeiern, für die Aufführung einer noch tantiemepflichtigen Musik ... etwas zahlen. Wir haben aber ... diese Möglichkeit nicht für durchsetzbar gehalten. ... Das Endziel muß sein, daß die Tantiemepflicht nicht nur für die Kirchen, sondern für alle, auch bei derartigen kostenlosen Veranstaltungen, gilt."[226]

Am 2.6.1965 wandte Schulze sich an den Kommissarischen Vorsitzenden der Fuldaer Bischofskonferenz, Kardinal Döpfner, um die katholische Kirche zu einer erneuten Intervention zu bewegen.[227] Die lapidare Antwort vom 8.6.1965, die Schulze an das Katholische Büro in Bonn verwies (in dem dieser nicht zu Unrecht die Urheber der ganzen Misere vermutete) deutete auf Widerstände in diesem Bereich der katholischen Kirche hin,[228] die nur noch auf Zeit spielen mußte, um ihre Interessen durchzusetzen. Wie diffizil sich die ganze Angelegenheit gestaltete, wird deutlich in einem Schreiben des Leiters der Kirchenkanzlei der Evangelischen Kirche der Union an E. Schulze vom 28.6.1965:

---

225 Sitzungsprotokoll der Bundestagsdebatte. In: UFITA 46-I, S. 203 f.

226 a.a.O.

227 Schreiben E. Schulze an Kardinal Döpfner v. 2.6.1965. In: OUA

228 Schreiben E. Schulze an Bischof Kempf v. 24.6.1965: „Dies stimmt mich jedoch nach den bisherigen Erfahrungen mit dem katholischen Büro nicht gerade zuversichtlich. ..." In: OUA.

„... Hätten Sie unter dem 20. Mai nicht nur an den Erzbischof von Köln, sondern auch an den Ratsvorsitzenden der Evangelischen Kirche geschrieben, wären die Dinge im Bundesrat mit Bestimmtheit anders gelaufen. Ich habe mich nämlich von Präses Scharf ermächtigen lassen, in seinem Namen Einspruch gegen die jetzige Fassung von § 53 Abs. 1 Ziffer 2 einzulegen, wenn auch der Bevollmächtigte des Rates, Bischof D. Kunst, dem zustimme. D. Kunst hat sich von der sachlichen Berechtigung eines solchen Einspruchs in zwei längeren Telefongesprächen vollauf überzeugen lassen, machte aber seine Zustimmung davon abhängig, daß die katholische Kirche dabei mitmache. Ein Anruf beim Kardinal in Köln ergab dann, daß dieser bereits auf ihr Schreiben vom 20. Mai hin eine Intervention beim Bundesrat abgelehnt hatte."[229]

Im übrigen könne er sich der Auffassung des Rechtsausschusses des Bundestages nicht anschließen, daß der gemeinsame Vorschlag der katholischen und der evangelischen Kirchen gesetzestechnisch überflüssig sei; denn dabei werde übersehen, was in dem Vorschlag vorausgesetzt wird: daß nämlich die gesamte Kirchenmusik, einschließlich der gottesdienstlichen Musik, grundsätzlich als vergütungsflichtig betrachtet werde. Die evangelischen Kirchen halten die jetzige Formulierung von Artikel 53 Abs. 1 für keine wirkliche Lösung und behalten sich deshalb weitere Schritte vor. Es sei schade, daß nicht auch die Vertreter der katholischen Kirche zu dem unter großen Schwierigkeiten zustande gebrachten „Kompromiß" gestanden haben.

In seiner Sitzung vom 11.6.1965 beschloß der Bundesrat, den Vermittlungsausschuß anzurufen, der am 20.6.1965 tagen sollte und stellte u.a. den Antrag:

„3. Die öffentliche Wiedergabe eines erschienenen Werkes sollte auch dann vergütungsfrei zulässig sein, wenn zu öffentlichen Schulveranstaltungen lediglich ein Beitrag zur Deckung der Unkosten erhoben wird."[230]

---

229 Schreiben Söhngen an E. Schulze v. 28.6.1965. In: OUA

230 Antrag des Bundesrates v. 11.6.1965. In: GEMA-Nachrichten 65/1965, S. 2

Dies lehnte der Vermittlungsausschuß jedoch ab[231], so daß das Urheberrechtsgesetz vom 9.9.1965 in seinem § 52 ohne einen Vergütungsanspruch für die Wiedergabe von Musik im Gottesdienst zum 1.1.1966 in der nachfolgenden Fassung in Kraft treten konnte:

> „(1) Zulässig ist die öffentliche Wiedergabe eines erschienenen Werkes,
>
> 1. wenn die Wiedergabe keinem Erwerbszweck des Veranstalter dient, die Teilnehmer ohne Entgelt zugelassen werden und im Falle des Vortrages oder der Aufführung des Werkes den ausübenden Künstlern (§ 73) keine besondere Vergütung bezahlt wird; jedoch hat, wenn die Veranstaltung dem Erwerbszweck eines Dritten dient, dieser dem Urheber für die Wiedergabe eine angemessene Vergütung zu zahlen;
>
> 2. wenn die Wiedergabe bei einem Gottesdienst, einer kirchlichen Feier oder einer anderen Veranstaltung der Kirchen oder Religionsgemeinschaften des öffentlichen Rechts stattfindet; jedoch hat der Veranstalter dem Urheber für die Wiedergabe eine angemessene Vergütung zu zahlen, es sei denn, daß die in Nummer 1 aufgeführten Voraussetzungen vorliegen. …“

Obwohl sich maßgebliche Mitglieder des deutschen Bundestages dafür eingesetzt hatten, daß „die Tantiemepflicht nicht nur für die Kirchen, sondern für alle, auch bei derartigen kostenlosen öffentlichen Veranstaltungen“ gelten solle[232], konnte eine Vergütungspflicht im Gesetz nicht normiert werden.

Der seit 1956 von Overath und anderen geführte Kampf um eine angemessene Vergütung für die Werke der Kirchenkomponisten, hatte durch den Einfluß des Katholischen Büros in Bonn einen deutlichen Rückschlag erhalten.

---

231 a.a.O., S. 2

232 Dr. Reischl, Vorsitzender des Rechtsausschusses des Deutschen Bundestages, lt. Sitzungsprotokoll der Bundestagsdebatte. In: UFITA 46-I, S. 206

3.4 Die Entscheidung des Bundesverfassungsgerichts vom 25.10.1978

Wenn im folgenden die Entscheidung des Bundesverfassungsgerichts zur Vergütungspflicht öffentlicher Wiedergaben von Musikwerken im Gottesdienst (oder einer kirchlichen Feier) näher betrachtet wird, so soll eingangs noch einmal den Beweggründen und der Historie nachgegangen werden, die zur Anrufung des Bundesverfassungsgerichts geführt haben. Die Frage, warum deutsche Komponisten Zuflucht zur Verfassungsbeschwerde gegen § 52 genommen haben, hängt unmittelbar mit der Urheberrechtsreform von 1965 zusammen, die einen bereits vorgesehenen umfassenden Vergütungsanspruch – für die Wiedergabe von Musik im Gottesdienst – im Gesetzgebungsverfahren nicht verwirklichen konnte.[233]

Mit der neuen Rechtslage, die der nun geltende § 52 für die Wiedergabe von Musik im Gottesdienst und deren Tantiemeisierung geschaffen hatte, mußte sich auch die GEMA auseinandersetzen. Seit den fünfziger Jahren des vergangenen Jahrhunderts hatten die katholische und die evangelischen Kirchen Pauschalzahlungen an die GEMA für Musikaufführungen im Gottesdienst geleistet, welche diese an die Komponisten nach einem Schlüssel verteilte, der von einer kirchlichen Kommission erstellt wurde. Wegen der Geringfügigkeit der Geldbeträge zahlte die GEMA aus eigenen Mitteln einen Zuschlag und verzichtete auf den Abzug von Kosten.

In einem „Hinweis für Urheber und Verleger von Kirchenmusik" erläuterte die GEMA 1965 für ihre Mitglieder:

> „Indessen wollen die beiden Kirchen, die Evangelische und die Katholische, weiter wie bisher freiwillig auch für die nicht gebührenpflichtigen Fälle zahlen. Da es jedoch nicht zu der erwarteten gesetzlichen Regelung gekommen ist, ist künftig nicht mehr die GEMA dafür zuständig. Die Kirchen werden

[233] E. Schulze 1980, S. 9

sich vielmehr unmittelbar an die Urheber und Verleger wenden."[234]

Diesem Hinweis vorausgegangen war ein Schreiben von Schulze an Bischof Kempf, in dem die Position der GEMA zu den Ausnahmen bei der öffentlichen Wiedergabe nach § 52 erläutert wurde:

> „Im Jahre 1964 hat die Katholische Kirche an die GEMA für die Kirchenkomponisten unter ihren Mitgliedern insgesamt DM 8.944,45 gezahlt. Da der Anteil des einzelnen zu klein gewesen wäre, hat die GEMA aus eigenen Mitteln DM 23.501.-- zugezahlt. Der Zuschlag entfällt zukünftig."[235]

Darüber hinaus hatte sich der Aufsichtsrat der GEMA damit befaßt, ob die seit 1955 für Musikaufführungen im Gottesdienst bestehende Regelung mit den Kirchen weitergeführt werden sollte. Insbesondere die evangelischen Kirchen hatten betont, daß sie sich noch in der laufenden Legislaturperiode für eine Änderung von § 52 im Sinne der Urheber einsetzen wollten.[236] Und so beschloß der Aufsichtsrat der GEMA:

> „Wenn die Kirchen bereit sind, daran mitzuwirken, daß § 52 UrhG in dieser Legislaturperiode novelliert wird, so ist die GEMA mit der Fortsetzung der bisherigen Vereinbarung über die Vergütung für die Wiedergabe von Werken der Musik im Gottesdienst zunächst um ein Jahr einverstanden."[237]

Da die evangelischen Kirchen für das Jahr 1965 einen Geldbetrag von DM 16.500,-- zugesagt und ihre Bereitschaft zur Unterstützung der Forderung der GEMA nach Novellierung erklärt hatten, war die GEMA ihrerseits bereit, die betreffenden Zuschläge zur Verfügung zu stellen.[238]

---

234 GEMA-Nachrichten 67/1965, S. 13
235 Schreiben E. Schulze an Bischof Kempf v. 15.11.1965. In: OUA
236 Schreiben v. Harling an GEMA v. 13.6.1966. In: OUA
237 Schreiben E. Schulze an Bischof Kempf v. 1.7.1966. In: OUA
238 a.a.O.

Auch die katholische Kirche wollte sich in der Frage „Novelle zum Urheberrechtsgesetz“ mit den evangelischen Kirchen abstimmen und war an einem vorläufigen Weiterlaufen der vertraglichen Vereinbarungen interessiert.[239] Mit Schreiben vom 3.9.1966 wandte sich Bischof Kempf erneut an Overath, um Einzelheiten bezüglich einer gemeinsamen Konsultation des Vorsitzenden der Deutschen Bischofskonferenz zu besprechen:

> „Es sind für das Gespräch mit Em. Döpfner zwei größere Themenkreise vorgesehen: ... Novelle zum Urheberrecht zwecks Änderung von § 52, wozu ich Ihre Teilnahme erbitte. Je konkreter unsere Vorschläge für eine evtle. Beschlußfassung in Fulda sind, umso besser.“[240]

Mit Schreiben vom 26.9.1966 versicherte Schulze Bischof Kempf, daß der zuständige GEMA-Ausschuß für die laufende Ausschüttung an die Kirchenkomponisten einen Zuschlagsbetrag von DM 26.386.-- zur Verfügung gestellt hatte.[241] Darauf hin faßte die Bischofskonferenz in Fulda folgenden Beschluß:

> „*Betr.*: Novelle zum Urheberrechtsgesetz vom 9.9.1965
>
> Auf Grund eines Schreibens der GEMA vom 26.9.1966, demzufolge sich bei einer Novelle zum Urheberrechtsgesetz zwecks Änderung von § 52 an den bisherigen Vereinbarungen zwischen der katholischen Kirche und der GEMA betr. finanzielle Zuwendung für die katholischen Kirchenkomponisten nichts Wesentliches ändern würde, beauftragt die Fuldaer Bischofskonferenz das Kirchenmusikalische Referat, in Verbindung mit der Juristenkommission diese Frage in ihren Einzelheiten zu klären.“[242]

Daneben prüften Schulze und Overath jedoch weitere Maßnahmen, um die negativen Auswirkungen des neuen § 52 für die Urheber der Kirchenmusik zu beseitigen. In einem Gespräch Anfang Oktober 1966 wurde erstmals

---

239 Schreiben Bischof Kempf an E. Schulze v. 6.7.1966. In: OUA
240 Schreiben Bischof Kempf an Overath v. 3.9.1966. In: OUA
241 Schreiben E. Schulze an Bischof Kempf v. 26.9.1966. In: OUA
242 Beschluß im Protokoll - Fulda 1966. In: OUA

erwogen, daß von einigen der durch § 52 Abs. 1 benachteiligten Komponisten Verfassungsbeschwerde eingelegt werden sollte.[243]

Am 20.12.1966 erhoben 18 Komponisten, 8 Schriftsteller bzw. deren Rechtsnachfolger und ein Maler und Karikaturist Verfassungsbeschwerde gegen die §§ 46, 47 und 52 Abs. 1. Unter den Antragstellern befanden sich die Komponisten Harald Genzmer, Ernst Pepping und Günter Bialas; unter den Schriftstellern Erich Kästner und die Witwen Tucholsky und Ringelnatz; der Maler war A. Paul Weber. In der schriftlichen Begründung erläuterte der Vertreter der Kläger, Rechtsanwalt Friedrich Karl Fromm, an Hand der Entstehungsgeschichte von § 46 (Sammlungen für Kirchen-, Schul- oder Unterrichtsgebrauch) sehr präzise die eigentlichen Beweggründe des Gesetzgebers bei der Ablehnung eines Vergütungsanspruchs:

> „... die Vergütungspflicht ... hat der Vermittlungsausschuß auf Verlangen des Bundesrates ... gestrichen, um die Verabschiedung des Gesetzes nicht zu gefährden ...
>
> Der Einspruch des Bundesrates wurde damit begründet, daß die Vergütungspflicht zu einer unerwünschten Verteuerung der Schulbücher führe. ...“[244]

Auf der gemeinsamen Sitzung des Katholischen und Evangelischen Büros in Frankfurt am 31.1.1967, die auf Veranlassung von Bischof Kempf einberufen wurde, versuchten die Kirchen zunächst abgestimmt mit der GEMA zu verhandeln. Das Ergebnis der Frankfurter Sitzung konnte jedoch nicht befriedigen. Neben Bischof Kempf waren vier Justitiare anwesend, deren Argumentation vom Richtungswechsel des Katholischen Büros zu Beginn der 60er Jahre beeinflusst war. Es setzte sich die Meinung durch, daß das Gesetz, das erst nach 15jährigen Vorarbeiten zustande gekommen war, im Verhältnis zu der langen und schwierigen Vorarbeit noch zu wenig erprobt sei.

---

243 Schreiben E. Schulze an Baumann und Schroeder v. 17.10.1966. In: OUA

244 F.K. Fromm, Verfassungsbeschwerde, S. 15. In: GEMA S.-Ordner 2: ABC II

Da beim Bundesverfassungsgericht eine Verfassungsbeschwerde anhängig war, sollte deren Ergebnis sowohl von den gesetzgebenden Organen als auch von den anderen Betroffenen abgewartet werden.

Es sei darüber hinaus völlig unklar, in welchem Sinne eine Novellierung zu § 52 Abs. 1 Nr. 2 ausfallen könnte. Eine bloße Aufhebung der Bestimmung würde zu praktisch undurchführbaren Ergebnissen führen, weil eine Erfassung und Nachweisung aller der danach unter die Gebührenpflicht fallenden Aufführungen technisch nicht möglich wäre.

Es bestehe auch keine Notwendigkeit für eine Änderung des Gesetzes, weil die Belange der Komponisten durch einen Vertrag berücksichtigt werden könnten. Eine vertragliche Regelung habe den Vorzug, daß sie der besonderen Funktion der Musik im Gottesdienst besser Rechnung tragen könne. Außerdem ließen sich auf diesem Wege die angeführten Schwierigkeiten am besten beheben.[245]

Am 6.6.1967 kam es jedoch im Alleingang der evangelischen Kirchen zu einer vertraglichen Vereinbarung zwischen GEMA und EKD, die die rechtlichen Bedingungen für die Wiedergabe von Musik im kirchlichen Rahmen regelte. Neben der Verpflichtung, ab 1967 jährlich DM 50.000.-- für Musik im Gottesdienst an die GEMA zu bezahlen, sagte die EKD zu, sich für die gesetzliche Vergütungspflicht bei einer Novellierung des Urheberrechtsgesetzes vorbehaltlos einzusetzen.[246]

Parallel zu den Gesprächen mit der EKD waren die interessierten Kreise auch an die katholische Kirche wiederholt wegen dieser Thematik herangetreten.[247] Eine grundlegende Änderung der katholischen Auffassung konnte nicht erreicht werden. Jedoch wurde erreicht, daß die Deutsche Bischofskonferenz unabhängig von der bestehenden Rechtslage am 7.3.1968 dem Vorlagebeschluß der Kommission für das Verlags-, Urheber-, u. Medienrecht, kurz, Verlagsrechtskommission, und dem Votum des Bischofs von

---

[245] Beschluß in OUA
[246] Vereinbarung zwischen GEMA und EKD v. 17.7.1967/31.7.1967. In: OUA
[247] Akten Overath, S. 13: Schreiben E. Schulze an Kardinal Frings, November 1965

Limburg zustimmte, die freiwilligen Zahlungen an die GEMA ab dem Geschäftsjahr 1968 auf jährlich 50.000.-- zu erhöhen.[248]

Am 18.9.1970 beriet der Deutsche Bundestag den von den Abgeordneten Schober, Martin und Stoltenberg sowie den von den Fraktionen der SPD und FDP eingebrachten Entwurf eines Gesetzes zur Änderung des Urheberrechtsgesetzes.[249] Obwohl die GEMA und ihr verbundene Verwertungsgesellschaften und Institutionen in diesem Zusammenhang erneut versucht hatten, § 52 wegfallen zu lassen, befaßte man sich in der sogenannten „Kleinen Urheberrechtsreform" lediglich mit Änderungsüberlegungen zu den §§ 26, 27, 46, 47, 53 und 62; § 52 sollte nicht geändert werden.[250]

Außer gegen § 52 hatten die betroffenen Komponisten auch gegen § 46 Verfassungsbeschwerde eingelegt. § 46 legte fest, daß geschützte Werke nach ihrem Erscheinen ohne Zustimmung des Urhebers in Sammlungen für Kirchen-, Schul- und Unterrichtsgebrauch aufgenommen werden dürfen. Ein Vergütungsanspruch für die Rechteinhaber war jedoch nicht vorgesehen. Mit Beschluß vom 7.7.1971[251] hatte der Erste Senat des Bundesverfassungsgerichts das Fehlen eines vermögensrechtlichen Ausgleichsanspruchs für die Urheber als verfassungswidrig festgestellt.[252] Der Deutsche Bundestag verabschiedete mit Wirkung vom 11.10.1971 die geänderte Fassung von § 46. Nach Absatz 3 wurde folgender neuer Absatz 4 eingefügt:

> „(4) Für die Vervielfältigung und Verbreitung ist dem Urheber eine angemessene Vergütung zu zahlen."

Der Verfassungsbeschwerde vom 20.12.1966 gegen § 52 beigefügt war ein Rechtsgutachten von Ridder vom 19.12.1966. In seinen Ausführungen, die sich mit der Verfassungsmäßigkeit der §§ 46 und 52 Abs. 1 beschäftigten, stand im Mittelpunkt die Frage, ob durch die geltenden Bestimmungen der vermögensrechtliche Grundrechtsschutz der Autoren in unzulässiger Weise beeinträchtigt wird. Für diese Frage sei es vor allem von Bedeutung, wie

---

248 GEMA-Nachrichten 79/1968, S. 26
249 GEMA-Nachrichten 88/1970, S. 4 ff.
250 GEMA-Nachrichten 90/1971, S. 37
251 BVerfGE 31, 229
252 E. Schulze 1973, S. 102

die Sozialbindung des Eigentums, die auch für das geistige Eigentum Geltung hat, auszulegen ist. Ridder stellte deutlich heraus, daß die Kirchenkomponisten im Vergleich zu anderen „Zulieferern“ der öffentlichen Wiedergabe eines Werkes der Musik unverhältnismäßig benachteiligt würden:

> „Alle Voraussetzungen, die für die Werkwiedergabe gemäß § 52 Voraussetzung sind, wie Bereitstellung des Raumes, ggf. dessen Miete und Ausschmückung, Heizung und Beleuchtung usw. müssen ebenfalls vergütet werden; auch hier entfällt wiederum nur das Entgelt für den Autor (und im Falle der Nr. 1 auch für den ausübenden Künstler). Auch wenn man die Vergleichsebene ganz eng begrenzt, etwa den Autor mit einem vom Verlag beauftragten Herausgeber einer Sammlung, der selbst eine geistige Leistung beisteuert, vergleicht, ist der Autor ohne einsichtigen Grund benachteiligt.“[253]

Besonders einschneidend, so Ridder, wirke sich bei den Kirchenkomponisten aus, daß ein nicht vorhandener Vergütungsanspruch den Komponisten zu einer anderen Tätigkeit zwinge, sei es, indem er Musik komponieren müsse, die außerhalb der Kirchen aufgeführt werde, sei es, daß er seine Kompositionstätigkeit ganz einzustellen hätte. Die eigentliche Absicht des Gesetzgebers vermutet Ridder freilich in der Eigenbegünstigung der öffentlichen Hand:

> „Besonders zweifelhaft ist diese Beschränkung der Autorenrechte im Falle des § 52 I Nr. 1. Hier werden in aller Regel nur staatliche Feiern in Betracht kommen.
>
> Private Veranstaltungen, zum Beispiel von Vereinen, dienen gewöhnlich dem Erwerbszweck zumindest eines Gastwirts und werden damit für diesen vergütungspflichtig. Die Verkürzung der Autorenrechte geschieht hier somit in aller Regel nur zum Wohle der öffentlichen Hand, die sich damit von privatkommerziellen Gesichtspunkten des Profitstrebens leiten läßt.“[254]

---

[253] Ridder, Rechtsgutachten vom 19.12.1966, S. 12. In: GEMA S.-Ordner 2: ABC II

[254] a.a.O., S. 12

Nach seinen Entscheidungen vom 7.7.1971 (zu §§ 27 Abs. 1, 46, 47 und 53 Abs. 5)[255] und vom 8.7.1971 (zu § 135)[256] hat das Bundesverfassungsgericht am 25. 10.1978 zu § 52 entschieden:

> „1. Es ist mit dem Grundgesetz vereinbar, daß die öffentliche Wiedergabe eines geschützten Werkes bei einem Gottesdienst, einer kirchlichen Feier oder einer anderen Veranstaltung der Kirchen und Religionsgesellschaften des öffentlichen Rechts ohne Erlaubnis des Urhebers zulässig ist (§ 52 Abs. 1 Nr. 2. UrhG).
>
> 2. Es widerspricht jedoch der Eigentumsgarantie des Art. 14 Abs. 1 Satz 1 GG, daß der Urheber sein Werk für diese Veranstaltung regelmäßig vergütungsfrei zur Verfügung stellen muß (§ 52 Abs. 1 Nr. 2 2. Halbsatz UrhG).“[257]

Bereits in seinem Beschluß vom 7.7.1971 hatte das Bundesverfassungsgericht grundlegende Ausführungen zum Inhalt der Eigentumsgarantie und zur Sozialbindung des Urheberrechts gemacht und betont, der Ausschluß eines Vergütungsanspruches könne nicht durch jede Gemeinwohlerwägung gerechtfertigt werden: insbesondere reiche das Interesse der Allgemeinheit an einem ungehinderten Zugang zu urheberrechtlich geschützten Werken nicht aus. Hierfür sei ein gesteigertes öffentliches Interesse notwendig, das in den streitgegenständlichen Fällen nicht vorliege.[258]

In seiner Entscheidung zu § 52 hob das Gericht hervor, daß Prüfungsmaßstab für die verwertungsrechtlichen Regelungen die Eigentumsgarantie des Art. 14 Abs. 1 S. 1 GG ist. Das vom Urheber geschaffene Werk ist Eigentum im Sinne des Grundgesetzes, dessen ausschließliche Nutzung dem Urheber zusteht. Zu den Verwertungsrechten des Urheberrechtsgesetzes zählt auch das Verbotsrecht, das durch § 52 Abs. 1 eingeschränkt wird. Diese Einschränkung ist zulässig, da der Gesetzgeber befugt war, den Rechten des Urhebers Grenzen im Rahmen der Schrankenbestimmungen des UrhG

255 § 27: BVerfGE 31, 248; § 46: BVerfGE 31, 229; § 47: BVerfGE 31, 270; § 53: BVerfGE 31, 255

256 § 135: BVerfGE 32, 275

257 BVerfGE 49, 382

258 Hubmann, Die soziale Bindung des Urheberrechts, S. 6. In: OUA

zu setzen. Inhalt und Schranken des Urheberrechts müssen gegen die Interessen des Gemeinwohls abgewogen werden.

Da jedoch für kirchliche Veranstaltungen nicht nur das Verbotsrecht, sondern de facto auch jeglicher Vergütungsanspruch ausgeschlossen war, erhielten die Urheber von Kirchenmusik keine ausreichenden Einnahmen aus ihren Werken. Dieser weitgehende Ausschluß des vermögensrechtlichen Verwertungsrechts steht mit der Eigentumsgarantie nicht in Einklang.[259]

Einen so weitgehenden Ausschluß von der vermögensrechtlichen Verwertung seiner Werke muß der Urheber nur hinnehmen, wenn ein gesteigertes öffentliches Interesse an der kostenlosen Wiedergabe der Musik gegeben ist.

Der Ausschluß der Nutzungsrechte aus Gemeinwohlerwägungen läßt sich nicht dadurch rechtfertigen, daß der Veranstalter keinen Erwerbszweck verfolgt. „Die geistig-schöpferische Leistung, die erst die öffentliche Darbietung ermöglicht, begründet den Vergütungsanspruch des Urhebers. Deshalb kann nicht schon das Fehlen eines etwaigen wirtschaftlichen Interesses des Veranstalters die Freistellung von einer Vergütung rechtfertigen.“[260]

Das Kriterium des „überwiegenden öffentlichen Interesses“, das nach der Meinung des Bundesverfassungsgerichts über eine vergütungspflichtige oder vergütungsfreie Musikwiedergabe entscheiden soll, bot dem Gericht die Möglichkeit, einer Einzelfallgerechtigkeit Wege zu eröffnen. Und in der Konsequenz folgerichtig betont der Senat, daß eine abschließende verfassungsrechtliche Bewertung aller unter § 52 – also insbesondere der vergütungsfreien Wiedergaben – fallenden Sachverhalte nicht erfolgt ist:

> „Bei der Spannweite der hiernach von § 52 Abs. 1 Nr. 1 erfaßten öffentlichen Werkwiedergaben ist eine abschließende verfassungsrechtliche Bewertung nicht möglich. Nach dem Grundsatz der Subsidiarität der Verfassungsbeschwerde ... müssen die Beschwerdeführer zur Klärung der insoweit beste-

---

[259] a.a.O., S. 18

[260] a.a.O., S. 22

henden Zweifelsfragen den Rechtsweg zu den Gerichten erschöpfen."[261]

Diese endgültige, schlußendlich dann zuletzt wiederum vom Bundesverfassungsgericht vorzunehmende Prüfung, ist bis heute noch nicht erfolgt.

3.5 Auswirkungen der Entscheidung

3.5.1 Die Verhandlungen mit der GEMA

Das Urteil des Bundesverfassungsgerichts vom 25.10.1978, das die Vergütungsfreiheit von Musikwiedergaben im Gottesdienst als verfassungswidrig festgestellt hatte, zwang den Gesetzgeber, den die Kirchenkomponisten und Kirchenmusikverleger einseitig benachteiligenden § 52 zu revidieren. Darüber hinaus stand für die katholische und die evangelischen Kirchen rechtskräftig fest, daß für die Vergütungszahlungen an die GEMA, die seit 1952 (durch die evangelischen Kirchen), seit 1953 (durch die Katholische Kirche) für Konzerte und Gemeindeveranstaltungen und seit 1956 für „Musik im Gottesdienst" „praeter legem" geleistet wurden, nunmehr ein Rechtsanspruch auf Seiten der Berechtigten gegeben war.

Parallel zum Gesetzgebungsverfahren, das sich mit der Neufassung von § 52 beschäftigte, begannen die Kirchen in Deutschland mit der GEMA Vertragsverhandlungen über die Vergütung der Musik im Gottesdienst aufzunehmen. 1979 faßte Overath die Vorstellungen auf katholischer Seite zusammen:

> „Nun zahlt seit dem Jahre 1956 ... der Verband der Diözesen Deutschlands ... freiwillig einen Betrag für Musikaufführungen im Gottesdienst. Was wird sich nun nach der Revision des

[261] BVerfGE 49, 382 (404 f.) *Kirchenmusik*

§ 52 ergeben? Was wird sich ändern? Bleibt es bei dem bisherigen Modus, wie er von den Bischöfen seit dem Jahre 1956 festgelegt ist, oder denkt man an einen völlig anders gearteten Vertrag zwischen GEMA und dem Verband der Diözesen?“[262]

Wichtig für Overath war die Frage für welche Art der Musikaufführung die Zahlungen der katholischen Kirche an die GEMA geleistet werden sollten. Die von ihm mitinitiierte Verteilung sollte weiterhin an Komponisten von mehrstimmiger, vokaler und instrumental begleiteter Chormusik und Orgelliteraturspiel vorgenommen werden. Wichtig war dabei, daß sie nach einem Schlüssel der kirchlichen Wertungskommission erfolgen sollte.[263]

Die Verlagsrechtskommission nahm dementsprechend im Auftrag des Verbandes der Diözesen Deutschlands – gemeinsam mit einem Ausschuß der evangelischen Kirchen – am 22.6.1979 Verhandlungen mit der GEMA über die Neufassung eines Pauschalvertrages mit den Kirchen auf. In den ersten Verhandlungsrunden forderte die GEMA eine Pauschale von 0,10 DM je Kirchenmitglied pro Jahr. Dieser Tarifparameter war wohl angelehnt an die Schweizer Regelung. Dort wurde bereits am 25.9.1940 durch das Bundesgesetz betreffend die Bewertung von Urheberrechten zwischen den kirchlichen Kreisen und der schweizerischen Verwertungsgesellschaft SUISA eine Tarifvereinbarung (Tarifklasse C) getroffen.[264] Die jährliche pauschale Vergütung bezieht sich auf die jeweilige „Seelen“-Zahl der Kirchengemeinden, das heißt (im Jahre 1999) 0,071 CHF pro Seele/Jahr[265], bzw. im Jahre 1979 0,04 CHF pro Seele/Jahr.[266]

Nach der Berechnung der GEMA resultierte daraus eine Gesamtsumme von DM 2,6 Mio, die sich verteilt auf:

- Musik im Gottesdienst: DM 1.600.000.--
- Unterhaltungsmusik: DM 750.000.--
- Kirchenkonzerte: DM 250.000.--

262 Overath, Betr. Musikaufführungen im Gottesdienst, Köln v. 10.5.1979. In: OUA
263 a.a.O., S. 4
264 Overath 1968, S. 5
265 Kröber, S. 66
266 E. Schulze, Beispiel Schweiz: Vier Rappen pro Seele. In: nmz 3/1970

Daraus ergab sich nach den Darlegungen der GEMA eine Belastung für Musik im Gottesdienst von 0,78 DM je gottesdienstlicher Veranstaltung für die evangelischen Kirchen und 0,36 DM je gottesdienstlicher Veranstaltung für die katholische Kirche. Grund hierfür war die größere Zahl der katholischen Gottesdienste/Jahr (evangelischen Kirchen etwa 2,03 Millionen, katholische Kirche einschließlich Orden und andere geistliche Gemeinden etwa 4,4 Millionen gottesdienstliche Veranstaltungen) im Jahre 1979.[267]

Obwohl das Bundesverfassungsgericht rechtskräftig geklärt hatte, daß für die Wiedergabe von Musik im Gottesdienst von den Kirchen Vergütungen an die Rechteinhaber zu zahlen seien, wurde vor allem auf katholischer Seite die Rechtsfrage aufgeworfen, ob für jede im Gottesdienst erklingende Musik Vergütungen zu bezahlen sei oder ob – wegen der besonderen liturgischen Situation des Gottesdienstes – bestimmte musikalische Kategorien urheberrechtlich nicht relevant sind.

In einem Schreiben vom 10.9.1979 an das Sekretariat der Deutschen Bischofskonferenz verdeutlichte Overath die katholische Position, wenn er schreibt:

> „Wie schon am 12. Mai gesagt, geht es um die Rechtsfrage, ob ein liturgischer Volksgesang, der geistiges Eigentum der vor Gott singenden Gemeinde bereits sein soll, überhaupt eine „Aufführung“ im Geiste des URG sein kann.
>
> Für wen wird „aufgeführt“? Sodann gehört die Liturgie nach kanonischem Recht zur Rechtsordnung (vgl. Can. 2 CIC). Hierzu zählen demnach auch ganz bestimmte, gesetzlich vorgeschriebene Texte und Gesänge. Von der Natur der Sache her unterliegen sie keinem urheberrechtlichen Anspruch.“[268]

---

[267] Kurz-Protokoll zur Besprechung über GEMA-Gebühren am 20.9.1979 in Bonn. In: KVUM I

[268] Schreiben Overath v. 10.9.1979. In: KVUM I

Auch die evangelischen Kirchen schlossen sich dieser Argumentation an, um der Höhe der Forderungen der GEMA wirksam entgegentreten zu können.[269]

Diese, das Urheberrecht im Bereich der Kirchen einschränkenden Argumente, die sich insbesondere auf den kultischen Charakter des Volksgesangs und das diesen begleitende Orgelspiel bezogen, wurden auf Seiten der GEMA unter Hinweis auf § 3 zurückgewiesen, wonach „Bearbeitungen eines Werkes den selbständigen Werken gleichgestellt, also gleichermaßen tantiemepflichtig“ sind.[270] Da die Verhandlungen Ende 1979 ins Stocken gerieten, kündigte die GEMA im Februar 1980 an, sie werde gem. § 13 Abs. 1 UrhWG einen Tarif aufstellen.[271] Im Bundesanzeiger Nr. 35 vom 20.2.1980 erschien auf S. 8 der von der GEMA aufgestellte Tarif:

„Vergütungssätze WR-K 1

für die Nutzung von Werken des GEMA-Repertoires
in Gottesdiensten der Kirchen oder Religionsgemeinschaften
des öffentlichen Rechts
Nettobeträge ohne Umsatzsteuer
DM 0,04 je Gemeindemitglied und Kalenderjahr.“

Streitig neben der Höhe der Vergütung blieb nach wie vor, für welche Musikwiedergaben im Gottesdienst eine Vergütungspflicht gegeben ist. Ausführlich erörtert wurde dies für Vor- und Nachspiele zum Gemeindegesang und den Komplex „Mitabgeltung der Aufführungsrechte“ von Werken, die im katholischen oder evangelischen Gesangbuch abgedruckt sind. Zwischen der katholischen und den evangelischen Kirchen herrschte Übereinstimmung, daß Gemeindegesang und das ihn begleitende Orgelspiel als vergütungsfrei anzusehen sind. Diese Ansicht wurde auch von Hubmann geteilt, der in einem Schreiben an Overath auf die Bedeutung des Charakters von Gottesdienst-Veranstaltungen hinweist:

---

269 Kurz-Protokoll zur Besprechung über GEMA-Gebühren v. 20.9.1979, Az.: 7551 B/ 2.32. In: KVUM I

270 Schreiben Dr. Trescher an Dr. Schuler v. 12.11.1979. In: KVUM I

271 Schreiben E. Schulze an Dr. Linnewedel, Kirchenkanzlei der EKD, v. 8.2.1980 und an Dr. Schuler v. 11.2.1980. In: KVUM I

> „Ich stimme der Ansicht zu, daß dieser Charakter von den Kirchen bestimmt wird, so daß also der Gesang des Priesters, auch wenn man ihn als Aufführung im Sinne des UrhG qualifizieren will, wegen des besonderen Charakters und des sozialen Bezugs vergütungsfrei sein sollte. Ich stimme auch der Meinung zu, daß der Volksgesang überhaupt keine Aufführung im Sinne des UrhG ist, weil jeder für sich selbst singt und nicht das Werk einem anderen zu Gehör bringt.“

An dieser Aussage ist bemerkenswert, daß selbst ein so ausgewiesener Urheberrechtler wie Hubmann, bei der liturgischen Unterscheidung „Gemeindegesang“, „begleitendes Orgelspiel“ und „Gesang des Priesters“ Unsicherheiten erkennen läßt. Und zur Frage, ob es sich bei der Orgelbegleitmusik um amtliche und daher um urheberrechtlich nicht geschützte Werke handele, führte er aus:

> „Daß es sich dabei um „Handwerksarbeit“ handelt, wird man kaum sagen können, aber es könnte sein, daß es den Kirchen zusteht, amtliche Werke zu veröffentlichen.
>
> Aber es muß jeweils im Einzelfall festgestellt werden, ob die Voraussetzungen des § 5 Abs. 2 UrhG, wo die amtlichen Werke definiert sind, erfüllt sind.“[272]

Man war auf Seiten der Kirchen sicher, diese Rechtsmeinungen auch prozessual durchsetzen zu können, da sich die Kirchen insoweit auf das grundgesetzlich verbriefte Recht berufen konnten, die Liturgie und die Bestandteile der Liturgie nach eigenen kirchlichen Gesetzen und Maßstäben zu regeln. Differenzen gab es bei der Einordnung des Bereichs „Vor- und Nachspiele zum Gemeindegesang/Volksgesang“. Die evangelischen Kirchen meinten, daß das Bundesverfassungsgericht zu Gunsten der Urheber entscheiden werde.

Speziell hinsichtlich des Bereichs „Vor- und Nachspiele zum Gemeindegesang/Volksgesang“ schätzen sie das Risiko aber offenbar anders ein als die katholische Kommission. Zwar sei es der evangelischen Ansicht zufolge

[272] Schreiben Hubmann an Overath v. 10.1.1980. In: KVUM I

auch nach der bisherigen Rechtslage so gewesen, daß der Begriff „Wiedergabe“ in § 52 einengend im Sinne von „Darbietung“ oder „Aufführung“ zu interpretieren war. Jedoch nahm man sehr sicher an, daß im Falle eines Rechtsstreits das Bundesverfassungsgericht – und vorher schon andere Gerichte – eine derart einengende Auslegung nicht mehr aufrechterhalten, sondern sie als einen Verstoß gegen die Eigentumsgarantie werten würden:

> „Mit anderen Worten: Wir halten es für ausgeschlossen, daß das Bundesverfassungsgericht in einer zweiten Entscheidung die Ergebnisse seiner ersten Entscheidung praktisch widerrufen und sich auf den Standpunkt stellen würde, gottesdienstliche Musik sei – unter dem Gesichtspunkt des Begriffes „Wiedergabe“ – eben doch weithin grundsätzlich n i c h t gebührenpflichtig.“[273]

Um den Forderungen der GEMA wirksam entgegen zu treten, wurde von Seiten der Kirchen überlegt, ob die Gründung einer oder zweier kircheneigener Verwertungsgesellschaften die GEMA unter Druck setzen könne. Zur Sitzung der Kommission für Verlags-, Urheber- und Medienrecht des Verbandes der Diözesen Deutschlands am 4.3.1980 in der Katholischen Akademie in München war auch die evangelische Verhandlungskommission eingeladen. Gegenstand der Besprechungen war die Haltung der GEMA zur Vergütungspflicht der Musik im Gottesdienst. Neben Fragen der Verteilung des GEMA-Aufkommens gemäß § 13 UrhWG waren alle anwesenden Sachverständigen der Auffassung, daß die Gründung einer kircheneigenen Verwertungsgesellschaft die GEMA zum Einlenken zwingen könne.

Sehr intensiv befaßte sich die gemeinsame Kommission mit den Voraussetzungen zur Gründung einer solchen Verwertungsgesellschaft. Notwendig hierfür war, daß die entsprechenden Kirchenkomponisten ihre Berechtigungsverträge mit der GEMA kündigten. Die Teilnehmer, unter ihnen als Gäste Prof. Dr. Heinrich Hubmann, Prälat Prof. Dr. Johannes Overath, Rechtsanwalt Dr. Dietrich Reimer und Rechtsanwältin Dr. Rojahn, hielten solche Kündigungen für zulässig. Zwar waren alle von den Kirchen als Mitglieder der neuen Verwertungsgesellschaft vorgesehenen Komponisten bereits Mitglieder der GEMA und hatten Berechtigungsverträge abge-

---

[273] Schreiben Dr. Linnewedel v. 7.3.1980. In: KVUM I

schlossen, die der GEMA die Nutzungsrechte an ihren Werken einräumten; die Teilnehmer waren jedoch der Ansicht, daß es sich im Falle der Rechte aus § 52, also des Vergütungsanspruchs für die Wiedergabe von Musik im Gottesdienst, um eine neue Nutzungsart handelte, da das Bundesverfassungsgericht diesen erstmals mit seiner Entscheidung von 1978 zuerkannt hatte. Eine pauschale Vorausabtretung an eine Verwertungsgesellschaft gem. § 31 Abs. 4 (1965) sei demnach unwirksam.

Ein erster Schritt auf dem Weg zur Gründung einer kircheneigenen Verwertungsgesellschaft war die Schaffung einer Satzung und ein entsprechender Antrag beim Deutschen Patentamt. Darüber hinaus wollte man sich unverzüglich mit den maßgeblichen Komponisten in Verbindung setzen, um sie um Überlassung ihrer Verwertungsrechte zu bitten. Als Boten hatte man Overath auserkoren, der hervorragende Kontakte zu den Urhebern besaß und deren Vertrauen genoß.

Es wurde schriftlich beschlossen:

> „4. Die Gründung einer Verwertungsgesellschaft soll durch Schaffung einer Satzung, Antrag an das Deutsche Patentamt und Entwurf eines Rundschreibens an die Kirchenkomponisten bezüglich der Abtretung der entsprechenden Rechte vorbereitet werden.“[274]

Dennoch waren die Vertreter der Kirchen bereit, sich erneut mit der GEMA zu treffen. In der Sitzung der Verhandlungskommission der Verlagsrechtskommission des Verbandes der Diözesen Deutschlands mit der evangelischen Delegation und der GEMA am 27.3.1980 in München wurde dann eine Einigung erzielt über die Höhe der Vergütungen für Musik im Gottesdienst.

Die Verhandlungsdelegationen der Kirchen unterbreiteten eingangs der Sitzung den Vorschlag, DM 300.000.-- jährlich für die nach Ansicht der Kirchen nach dem Urteil des Bundesverfassungsgerichts als vergütungspflichtig angesehene Musik im Gottesdienst an die GEMA zu bezahlen. Die Kir-

---

[274] Protokoll der Sitzung der Verlagsrechtskommission v. 4.3.1980, S. 5. In: KVUM I

chenvertreter erklärten sich darüber hinaus mit der Regelung einverstanden, daß 10% von dieser Summe für Orgelbegleitung verteilt werden könnten. Das Ergebnis der Verhandlungen sah vor, daß für 1980 ein Betrag von DM 300.000.--, für 1981 ein Betrag von DM 400.000.-- und für 1982 ein Betrag von DM 500.000.-- zu zahlen war. 20% der gezahlten Beträge sollte für die als Orgelbegleitung aufgeführten Werke vorgesehen sein. Bei rund 12.600 katholischen Kirchengemeinden und Seelsorgerstellen waren im Durchschnitt ca. DM 25.-- bis DM 40.-- jährlich zu bezahlen; bei angenommenen 100 Gottesdiensten je Gemeinde und Jahr zwischen 25 und 40 Pfennig je Gottesdienst.[275]

Inwieweit die massive Drohung der Kirchen, eine eigene Verwertungsgesellschaft für den Bereich der Kirchenmusik zu gründen, Einfluß auf den Einigungswillen der GEMA gehabt hat, ist nicht mehr feststellbar. Es muß jedoch berücksichtigt werden, daß die GEMA in der Zeit vor dem ersten und auch vor dem zweiten Weltkrieg sehr negative Erfahrungen mit der Existenz mehrerer Verwertungsgesellschaften in Deutschland gemacht hatte. Die Monopolstellung, in der sich die GEMA seit 1933 und dann wieder seit 1947 (für die Bundesrepublik Deutschland) befand, war jedoch lediglich eine faktische. Es ist davon auszugehen, daß man sich in der Leitung der GEMA sehr wohl bewußt war, daß eine oder gar zwei kircheneigene Verwertungsgesellschaften für die Rechteinhaber von Spezialrepertoires, wie zum Beispiel Film- oder Werbemusik, Vorbildcharakter zur Nutzung ihrer Werke hätten haben können.

Den Komponisten und Verlegern von Kirchenmusik war mit dem Urteil des Bundesverfassungsgerichts zwar ein Vergütungsanspruch für die Wiedergabe ihrer Musik im Gottesdienst zuerkannt worden; das schärfere Schwert des Verbotsrechts und damit die Möglichkeit, gem. § 11 UrhWG eine Hinterlegung bzw. Zahlung unter Vorbehalt zu verlangen, war wegen § 52 Abs. 1 S. 1 nicht gegeben. Auf beiden Seiten bestand also die Notwendigkeit, es in den Verhandlungen nicht zum Äußersten kommen zu lassen.

Aufschlußreich für die überraschende Einigung zwischen den Kirchen und der GEMA sind im Hintergrund spielende Aktivitäten von Overath. Diesem gelang es, gemeinsam mit Egk und Hubmann die festgefahrene Situa-

---

275 Schreiben Dr. Schuler v. 31.3.1980. In: KVUM I

tion aufzubrechen. Egk, langjähriger Vorsitzender des Aufsichtsrats der GEMA, hatte sich in der den Verhandlungen in Berlin vorangegangenen Aufsichtsratssitzung zu Gunsten eines Kompromisses mit den Kirchen eingesetzt. Aufgrund dieser Intervention hatte die GEMA schließlich eingelenkt:

> „Es ist nicht anzunehmen, daß ohne die außerhalb der Kommission von mir unternommenen Schritte bei Prof. Werner Egk, dem langjährigen Präsidenten der GEMA, sowie bei Prof. Hubmann (Erlangen), meinem Kollegen im Vorstand der Internationalen Gesellschaft für Urheberrecht, die schon festgefahrene Front der GEMA in der Frage unseres Vertrages hätte aufgebrochen werden können. Man darf nicht übersehen, daß der Generaldirektor unter dem Zwang der Interessenten (in der Hauptsache der Verleger) stand und bereits im Bundesanzeiger den unseligen Tarif von 4 Pfg. pro Seele (präjudiziert durch den in der Schweiz von der katholischen Kirche unglücklicherweise für 10 Jahre mit der SUISA abgeschlossenen Vertrag!) publiziert hatte. …
>
> Ich bin Herrn Prof. Werner Egk, den ich aufgesucht hatte, sehr dankbar, daß er eigens … nach Berlin gereist ist und dort im Sinne der hier beigefügten Redaktion-Vorbemerkung vorstellig geworden ist."[276]

Dennoch war die Sitzung am 27.3.1980 von beiden Seiten mit aller Härte der juristischen und theologischen Argumentation geführt worden. Overath verwies in seiner Stellungnahme auf folgende wichtige Punkte:

> „Es wäre doch grotesk, für das Singen neuer Lieder von den Pfarrern Tantiemen zu verlangen (obwohl vorher schon unverhältnismäßig hohe, mit dem Druck verbundene Honorare gezahlt worden seien), doch bin ich nicht sicher, ob diese Idee nicht schon im Hintergrund herumgeistert. ...

---

[276] Schreiben Overath v. 10.4.1980. In: KVUM I

> Bald wird dies auch bei neuen *Gebeten* gefordert. Text, das Gebet als „Eigentum" des Verlags, ist ein blasphemischer Gedanke. Liturgische Texte im Munde der Gemeinde müssen freizugänglich bleiben, weil sie Texte der Kirche sind und nicht wie Privateigentum der Verleger unter eine Tantiemeisierungspflicht fallen dürfen."[277]

Overath spielt hier an auf die Bestimmung von § 5 Abs. 1, der regelt, daß amtliche Erlasse und Bekanntmachungen keinen Urheberrechtsschutz genießen. Während die Hirtenbriefe der Kirche als amtliche Werke im Sinne von § 5 angesehen werden,[278] ist dies bei der Aufnahme privater Werke in ein (als amtliches Werk qualifiziertes) Gebet- und Gesangbuch umstritten.[279]

Von seiten der GEMA wurde den Kirchenvertretern – als Aktivlegitimation der Verwertungsgesellschaft – die Anzahl der dem Kirchenbereich zuzurechnenden Komponisten und Verleger wie folgt angegeben: auf evangelischer Seite 268 deutsche Urheber, 54 deutsche Verlage, 168 ausländische Urheber und 45 ausländische Verlage; auf katholischer Seite 357 deutsche Urheber, 97 deutsche Verlage, 180 ausländische Urheber und 64 ausländische Verlage.

Einzig offener Streitpunkt, der auch durch die Entscheidung des Bundesverfassungsgerichts nicht geklärt war, blieb die Frage, welche Art von Musik im Gottesdienst vergütungspflichtig sei. Die GEMA beharrte auf ihrem Standpunkt, daß auch für die orgelbegleiteten Werke Vergütungen zu bezahlen seien. Der theologisch untermauerte Standpunkt der katholischen Kirche wird sehr treffend in einem Schreiben zum Ergebnis der Verhandlungen mit der GEMA an Overath verdeutlicht:

> „Damit scheint mir ein Schlußpunkt gesetzt zu sein in den langjährigen Bemühungen der Kirche selbst und ihren Repräsentanten, einerseits den Kirchenkomponisten zu ihrem Recht zu verhelfen, andrerseits aber auch festzustellen, wo für die

---

[277] Schreiben Overath v. 28.4.1980. In: KVUM I
[278] Schricker/Katzenberger, 2. A., § 5 Rdnr. 30
[279] Schricker/Katzenberger, 2. A., § 5 Rdnr. 22

Kirche die Grenzen einer Tantiemeverpflichtung liegen. Ich meine hier besonders die Vergütungsfreiheit des Gemeinde- oder Volksgesanges einschließlich seiner funktionalen Orgelbegleitung."[280]

In der dieser Sitzung vorausgegangenen Aufsichtsratsitzung vom März 1980 hatte der Generaldirektor der GEMA, Erich Schulze, seine bereits früher Overath gegenüber privat geäußerte Einsicht noch einmal bestätigt, daß der Volksgesang (inklusive rein *funktionaler* Orgelbegleitung) nicht tantiemepflichtig ist. Alle Beteiligten waren sich klar darüber, daß es der GEMA nicht leicht fallen würde, die Reduzierung ihrer Tantiemeforderungen auf ein Viertel bis ein Drittel des veröffentlichten Tarifs zu akzeptieren.[281]

Nachdem in der Märzsitzung des Aufsichtsrats der GEMA ein von beiden Seiten akzeptierter Kompromiß gefunden worden war, mußte anschließend der notwendige Gesamtvertrag ausformuliert werden. Der im September 1980 von der GEMA vorgelegte Entwurf definierte ausführlich die Tatbestände „Gottesdienst" und „kirchliche Feier". Danach sollten darunter fallen:

> „insbesondere Eucharistiefeier (Messe, Amt) Andachten, Wortgottesdienste, Prozessionen, Vespern, Spendung der Sakramente (z.B. Taufe, Firmung, Trauung), also alle liturgischen Feiern, zu denen jedermann ohne Eintrittsgeld Zutritt hat und die im allgemeinen in regelmäßigen Abständen und nach feststehenden Ordnungen abgehalten werden."[282]

Strittig war noch, ob die in der Märzsitzung vereinbarten Beträge Brutto- oder Nettobeträge sein sollten, die Kirchen nach Meinung der GEMA also die damalige Umsatzsteuer in Höhe von 6,5% zusätzlich zu entrichten hätten. Diese Forderung wurde abschließend von den Kirchen akzeptiert, wie sich dies aus dem dann am 18.9.1980/20.10.1980 zwischen der GEMA und den evangelischen Kirchen abgeschlossenen Vertrag ergibt.

---

280 Schreiben Dr. Homeyer v. 30.5.1980. In: KVUM I
281 Schreiben Overath v. 28.4.1980. In: KVUM I
282 Entwurf PV/16a Nr. 2 (2). In: KVUM I

Nach der vom Deutschen Bundestag im Juni 1985 vorgenommenen Novellierung des § 52 wurden die Verhandlungen zwischen der GEMA und den Kirchen erneut aufgenommen. Die Begründung zur Änderung des § 52 stellte im Ergebnis die Begleitung des Gemeindegesangs sowie weitere liturgisch gebundene kultische Musik von der Vergütung frei:

> „Da die Kirchen – anders als die Urheber – der Auffassung sind, daß der Gemeindegesang und seine Begleitung nach wie vor vergütungsfrei sind, haben sie vorgeschlagen, in den Gesetzestext eine entsprechende Klarstellung aufzunehmen.
>
> Einer solchen Bestimmung bedarf es jedoch nicht, da sie lediglich etwas feststellen würde, was sich schon aus den allgemeinen Bestimmungen des Urheberrechtsgesetzes ergibt. Die in § 52 Abs. 1 Nr. 1 getroffene Regelung, auf die Nummer 2 Bezug nimmt, geht erkennbar von einem Begriff der Aufführung (§ 15 Abs. 2 Nr. 1 und § 19 UrhG) aus, der die persönliche Darbietung des Musikwerks vor einem Zuhörerkreis voraussetzt. In diesem Sinne verwendet auch das Bundesverfassungsgericht den Begriff der Aufführung, wie in verschiedenen Formulierungen der Entscheidung zum Ausdruck kommt. Hiervon werden jedoch der Gesang der Gemeinde und dessen musikalische Begleitung bei Gottesdiensten nicht erfasst. Es fehlt insoweit an der notwendigen Zweiteilung in Darbietende und Zuhörerschaft. Die Gemeindemitglieder nehmen mit ihrem Gesang, sei es ein einseitiger Gesang oder ein Gesang im Wechsel zwischen Pfarrer und Gemeinde, an einer Kulthandlung teil, bei der es nur Beteiligte und kein Auditorium gibt.
>
> Gleiches gilt für die musikalische Begleitung des Gemeindegesangs.“[283]

In der 26. Sitzung der KVUM am 3.7.1985 in München waren Vertreter der GEMA als Gäste zugegen. Schulze bezeichnete die Neuregelung des § 52 als verfassungswidrig und kündigte an, in Einzelprozessen dagegen vorzugehen. Gleichwohl erklärte die GEMA sich bereit – unter Aufrechterhaltung ihres Rechtsstandpunkts – Ziffer 3 des Vertrages für Musik im Got-

---

[283] AmtlBegr. In: UFITA 96, S. 129 f.

tesdienst zu streichen, wonach ein Fünftel der Jahrespauschale zur Abgeltung für die Begleitung des Gemeindegesangs gelten sollte.[284]

Auch die evangelischen Kirchen waren der Meinung, daß die durch den Gesetzgeber vorgenommene Klarstellung der Vergütungspflicht bei der Wiedergabe von Musik im Gottesdienst, Auswirkungen auf den Vertrag mit der GEMA haben werde.[285] Bei ihren Verhandlungen am 4.10.1985 mit der GEMA wurde eine dementsprechende Neufassung des Vertrages zwischen den evangelischen Kirchen und der GEMA vereinbart.

Waren die Fragen geklärt, die sich mit der Höhe und dem Inkasso des Vergütungsanspruchs gemäß § 52 befaßt hatten, so wurde daneben zwischen den Kirchen und der GEMA über die Art und Weise der richtigen Verteilung der Tantiemen verhandelt. Nach Ziffer 4 des Kirchenvertrages mit den evangelischen Kirchen verpflichteten sich diese, Inhalt und Umfang der aufgeführten geschützten Musikwerke auf ihre Kosten feststellen zu lassen und der GEMA mitzuteilen.

Bereits im Anschluß an die Vertragsunterzeichnung am 30.9.1980 in Berlin beschäftigte man sich mit der Frage, wie im Vollzug des Pauschalvertrages die „Musik im Gottesdienst" erfaßt und ausgewertet werden könne. Die Gesprächsrunde, die aus Vertretern der GEMA-Verwaltung, Kirchenkomponisten und Musikverlegern sowie Vertretern der katholischen und den evangelischen Kirchen bestand, einigte sich darauf, gottesdienstliche Musik, soweit sie nicht funktionale Begleitung zum Gemeindegesang ist, mit Hilfe eines Fragebogens festzustellen. Obwohl im Bezug auf die Vergütungspflicht der „funktionalen Begleitung zum Gemeindegesang" unterschiedliche Rechtsauffassungen bestanden, sollte auch hier eine Erhebung durchgeführt werden. Von der Gesprächsrunde wurde beschlossen:

> „a) Gottesdienstliche Musik, die nicht „funktionale Begleitung zum Gemeindegesang" ist, wird mit Hilfe der bisherigen Fragebögen erhoben. Auf der Grundlage der mit dieser Totalerhebung gewonnenen Ergebnisse werden vier Fünftel der jeweiligen Pauschalsumme ausgezahlt. ...

---

284 Protokoll, S. 5 f. In: KVUM V

285 Schreiben Dr. Linnewedel an Dr. Schuler und Röder v. 8.7.1985. In: KVUM V

b) Für den Bereich „funktionale Begleitmusik zum Gemeindegesang", auf den ein Fünftel der jeweiligen Pauschalsumme entfällt, wird keine Totalerhebung durchgeführt, sondern eine vereinfachte Erhebung. ...

c) Die evangelische Zentralstelle und die Abrechnungsstelle der GEMA in Berlin halten miteinander Kontakt. Insbesondere wird geklärt, ob die bisher verwendeten Fragebögen durch die Verwendung von Verlagsnummern o.ä. vereinfacht werden können."[286]

Obwohl auch die katholische Seite ihre grundsätzliche Bereitschaft zum Abschluß eines Pauschalvertrages für die Wiedergabe von Musik im Gottesdienst erklärt hatte, gestalteten sich die Vertragsformulierungen schwieriger, als bei den evangelischen Kirchen. Erst am 16.12.1980 übersandte der Verband der Diözesen Deutschlands als Vertragspartner der GEMA in einem Schreiben an deren Generaldirektor einen Vertragstext zur Unterzeichnung. Im Gegensatz zum Vertragstext der evangelischen Kirchen war eine Definition der Begriffe „Gottesdienst und kirchliche Feiern" nicht enthalten, weil dies nach Ansicht der katholischen Kirche weder erforderlich war, noch verbindlich erklärt werden konnte.[287]

Dennoch beschäftigte sich auch die katholische Kirche mit der Frage, welche Musikwerke, die im Gottesdienst wiedergegeben werden, nach dem Pauschalvertrag mit der GEMA erfaßt werden sollten. Im Gegensatz zu den evangelischen Kirchen war sie jedoch der Auffassung, daß nur für tantiemepflichtige Musik, also mehrstimmige Chorwerke, Instrumentalmusik, und liturgische Orgelliteratur, die urheberrechtlich geschützt ist, Vergütungsansprüche erhoben werden sollten. Dementsprechend beschloß die Kommission für Verlags-, Urheber- und Medienrecht in ihrer 10. Sitzung am 2.12.1980 in München:

„2.1.1 Da nicht zur urheberrechtlich geschützten Musik im Gottesdienst gehörend, werden Gemeindegesang und funktionale Orgelbegleitung vorläufig aus der Erhebung ausgenommen. ...

---

286 Dr. Linnewedel, Vermerk v. 2.10.1980. In: KVUM I
287 Schreiben Panholzer an E. Schulze v. 16.12.1980. In: KVUM I

2.1.3 Die hauptamtlichen Kirchenmusiker sind zu verpflichten, für den Rücklauf der ausgefüllten Erhebungs-Fragebögen Sorge zu tragen. ...“[288]

Beauftragt mit der Erhebung über „Funktionale Begleitung zum Gemeindegesang“ war auf katholischer Seite das Amt für Kirchenmusik im Bischöflichen Ordinariat Rottenburg, das eng mit dem Institut für Kirchliche Sozialforschung, Essen, zusammenarbeitete. Im Mai 1981 war man so weit vorangekommen, daß alle Kirchengemeinden quartalsweise befragt werden sollten.[289]

Die ausgearbeiteten Fragebögen wurden am 4.6.1981 mit Vertretern der GEMA in München erörtert. Diese stimmten den Vorschlägen der katholischen Kirche zu, wobei die Frage der Behandlung der funktionalen Begleitung des Gemeindegesangs ausdrücklich ausgespart wurde. Auch von Seiten der Komponisten kamen Anregungen zum Thema der Musikerhebungen, die sicherlich auch von dem Interesse begleitet wurden, ihre Rechtsansprüche wirkungsvoll durchgesetzt zu wissen.[290]

Im September 1981 wandte sich das Amt für Kirchenmusik im Bischöflichen Ordinariat Rottenburg an alle Dekanats-Kirchenmusiker und Organisten und forderte sie auf, für den Zeitraum eines Kirchenjahres (1. Oktober bis 30. September) die Titel der Gesänge und Lieder, die aus dem Gotteslob als Gemeindegesänge mit Orgel verwendet wurden, von allen Eucharistiefeiern an Wochenenden (Vorabend- und Sonntagsmessen) und Feiertagen, ferner von allen Wortgottesdiensten an Sonn- und Feiertagen (Andachten, Vespern etc.) mitzuteilen.[291]

Auch der nach der Urheberrechtsnovelle 1985 neu abgeschlossene Vertrag zwischen der GEMA und den Kirchen verpflichtete diese, Inhalt und Um-

288 Protokoll v. 2.12.1980. In: KVUM I
289 Schreiben Ricke v. 20.5.1981. In: KVUM I
290 Schreiben F. Schier v. 28.2.1982. In: KVUM I
291 Rundschreiben Amt für Kirchenmusik im Bischöflichen Ordinariat Rottenburg vom September 1981. In: KVUM I

fang der Musikwerke feststellen zu lassen und der GEMA mitzuteilen.[292] In ihrem „Merkblatt zu den Pauschalverträgen des Verbandes der Diözesen Deutschlands mit der GEMA" vom 20.4.1986 betont die katholische Kirche noch einmal ihre Position, wenn es unter II. Musikwiedergaben in Gottesdiensten und kirchlichen Feiern heißt:

> „5. Der Gesang der Liturgen, der Schola und der Gemeinde sowie das Orgelspiel und die Liedbegleitung sind kraft Gesetzes vergütungsfrei."[293]

Aufgrund der von den beiden Kirchen vorgenommenen Erhebungen und deren zeitlichen Anpassungen verteilt die GEMA seit Beginn der achtziger Jahre des letzten Jahrhunderts die von diesen gezahlten Beträge für die Wiedergabe von Musik im Gottesdienst an die berechtigten Komponisten, Textautoren und Musikverleger.

3.5.2 Novellierung des § 52

Mit der Entscheidung des Bundesverfassungsgerichts vom 25.10.1978, das den bis dahin geltenden § 52 als mit dem Grundgesetz für nicht vereinbar erklärt hatte, war der Gesetzgeber gezwungen, den höchstrichterlich festgestellten Vergütungsanspruch für die Wiedergabe von Musik im Gottesdienst im Urheberrechtsgesetz zu verankern.

Frühzeitig bemühten sich die Kirchen, auf den Gang des Gesetzgebungsverfahrens Einfluß zu nehmen und insbesondere dafür Sorge zu tragen, daß der Gemeindegesang ausdrücklich von einer urheberrechtlichen Vergütungspflicht ausgenommen wird. Am Rande einer urheberrechtlichen Tagung Ende März 1980 traf Hubmann die im Bundesjustizministerium für

---

[292] Vertrag zwischen GEMA und Verband der Diözesen Deutschlands v. 31.1.1986/7.2.1986, S. 2; Vertrag zwischen GEMA und Evangelische Kirche in Deutschland v. 30.4.1986/20.5.1986, S. 2. In: KVUM V

[293] a.a.O., S. 3; veröffentlicht z.B. im Kirchlichen Amtsblatt für die Diözese Rottenburg Stuttgart v. 23.7.1986

den Entwurf zur Änderung des Urheberrechtsgesetzes zuständige Ministerialrätin Möller diesbezüglich zu einem Gespräch und unterrichtete sie vom Problem der Vergütungspflicht des Gemeindegesangs. Frau Möller zeigte sich überrascht, „daß der Gemeindegesang vergütungspflichtig gemacht werden soll“ und empfahl der katholischen Kirche, dem Ministerium die damit zusammenhängenden Probleme zu erläutern.[294] Bereits am 10.4.1980 wandte sich Overath, wie von Hubmann vorgeschlagen, an Ministerialrätin Möller, um ihr die Position der katholischen Kirche zur Vergütungspflicht von Musik im Gottesdienst zu erläutern.[295]

In einer Besprechung zwischen dem Bundesjustizministerium und Vertretern der katholischen Kirche am 24.4.1980 war von Seiten des Ministeriums der Vorschlag gemacht worden, die Entscheidung des Bundesverfassungsgerichts im Gesetzgebungsverfahren dergestalt zu berücksichtigen, daß der letzte Halbsatz von § 52 Abs. 1 Nr. 2 gestrichen werden sollte.[296] Dagegen wandte sich das Katholische Büro Bonn des Kommissariats der Deutschen Bischöfe mit einem Schreiben an den Bundesminister der Justiz, da diese Rechtsänderung nach Auffassung der katholischen Kirche weder dem besonderen Charakter der kultischen Musik im Gottesdienst noch der Entscheidung des Bundesverfassungsgerichts entsprechen würde und kündigte einen eigenen Lösungsvorschlag an, der mit den evangelischen Kirchen abgestimmt werden sollte.[297]

---

294 Schreiben Hubmann an Overath v. 31.3.1980. In: KVUM I

295 Schreiben Overath an M. Möller v. 10.4.1980. In: KVUM I

296 § 52 Abs. 1 lautete i.d.F.v. 9.9.1965: Zulässig ist die öffentliche Wiedergabe eines erschienenen Werkes,
1. wenn die Wiedergabe keinem Erwerbszweck des Veranstalters dient, die Teilnehmer ohne Entgelt zugelassen werden und im Falle des Vortrages oder der Aufführung des Werkes den ausübenden Künstlern (§ 73) keine besondere Vergütung gezahlt wird; jedoch hat, wenn die Veranstaltung dem Erwerbszweck eines Dritten dient, dieser dem Urheber für die Wiedergabe eine angemessene Vergütung zu zahlen;
2. wenn die Wiedergabe bei einem Gottesdienst, einer kirchlichen Feier oder einer anderen Veranstaltung der Kirchen oder Religionsgesellschaften des öffentlichen Rechts stattfindet; jedoch hat der Veranstalter dem Urheber für die Wiedergabe eine angemessene Vergütung zu zahlen, *es sei denn, daß die in Nummer 1 aufgeführten Voraussetzungen vorliegen* (Kursivschrift vom Verfasser).

297 Schreiben Turowski an BMJ v. 24.4.1980. In: KVUM I

Die im Schreiben vom 24.4.1980 angekündigte Stellungnahme der Kommission für Urheberrecht des Verbandes der Diözesen Deutschlands erläuterte den Standpunkt der katholischen Kirche, die aus der Entscheidung des Bundesverfassungsgerichts für den Gesetzgeber drei Möglichkeiten ableitete:

> „A. Eine Neuordnung des gesamten in § 52 Abs. 1 UrhG geregelten Tatbestands in Anpassung an die Entscheidung des Bundesverfassungsgerichts;
>
> B. Eine ersatzlose Streichung der vom Bundesverfassungsgericht beanstandeten Teile des Gesetzes, d.h. des letzten Halbsatzes in § 52 Abs. 1 Nr. 2 („es sei denn, daß die in Nummer 1 aufgeführten Voraussetzungen vorliegen“);
>
> C. Eine Neuordnung lediglich der die Kirchen und Religionsgesellschaften des öffentlichen Rechts betreffenden Ausnahmebestimmung von § 52 Abs. 1 Nr. 2 UrhG.“

In ihren Ausführungen zu den drei Möglichkeiten, stellte die Kommission zunächst zu Punkt A fest, daß damit die verfassungsrechtlichen Erkenntnisse umfassend berücksichtig werden. Die Nummern 1 und 2 von § 52 Abs. 1 stünden in einem inneren Zusammenhang, wie sich aus der Verweisung in Nr. 2, letzter Halbsatz ergibt. Die in der Entscheidung des Bundesverfassungsgerichts enthaltenen Begründungen betreffen somit gerade auch die Ausnahmeregelungen, wie sie in § 52 Abs. 1 Nr. 1 angesprochen sind. Nur die Berücksichtigung dieses Zusammenhangs bei einer Gesetzesnovellierung erschien also verfassungskonform.

Abschließend wurde betont, daß eine solche umfassende Neuregelung die uneingeschränkte Zustimmung der katholischen Kirche fände, da damit deutlich würde, daß es sich nicht um Sonderrechte der Kirche handelt, sondern um einen vom Gemeinwohl bestimmten Interessenausgleich.

Gegen die Variante B bestanden nach Auffassung der katholischen Kirche schwerwiegende Gründe. Danach würden die Kirchen schlechter gestellt als die öffentliche Hand.

Am umfangreichsten nahm die Kommission zu Punkt C Stellung, da hier nach ihrer Auffassung die Kernfrage zu beantworten sei, wie sich die Sozialbindung der Eigentumsgarantie im Hinblick auf den besonderen Charakter der kultischen Kirchenmusik darstellt. Im Sinne der Karlsruher Entscheidung sollten offenbar „Art und Bedeutung der Veranstaltung“ in Erwägung gezogen werden. In der Urteilsbegründung wurde hervorgehoben, daß für die Komponisten religiös-kirchlicher Musik in Bezug auf die öffentliche Wiedergabe eine grundsätzlich andere Regelung als für die Komponisten weltlicher Musik gilt. Die Beurteilung des Charakters der einzelnen Veranstaltung sei also genuine Aufgabe der Kirchen selbst, was sich aus Art. 140 GG i.V.m. Art. 137 Abs. 3 WeimRVerf. ergebe.

Diese Charakterisierung qualifiziert die kultische Kirchenmusik zum integrierenden und notwendigen Bestandteil der feierlichen Liturgie und ist nach übereinstimmender Auffassung der katholischen und den evangelischen Kirchen nicht primär zur Verschönerung oder Ausschmückung des Gottesdienstes bestimmt. Sie ist vielmehr ein lobpreisender und betender Vollzug der Liturgie selbst, ein „Musik gewordener Ausdruck der Gottesverehrung“.

Etwas anderes gilt für die amtlich zugelassenen kultischen Gesänge, die von einer Schola, einem Chor (mit oder ohne Instrumentalbegleitung), von der Orgel (geschütztes Orgelliteraturspiel, nicht aber Orgelimprovisation und funktionale Orgelbegleitung) oder anderen zugelassenen Instrumenten ausgeführt werden. Diese Musikdarbietung wurde als Aufführung eines Werkes im Sinne von § 19 Abs. 2 qualifiziert: dafür sollte eine angemessene Vergütung bezahlt werden.

Eine weitere Sonderstellung nimmt der kultische Gemeinde- oder Volksgesang einschließlich funktionaler Orgelbegleitung ein. Hier soll es sich nicht um eine Aufführung im urheberrechtlichen Sinn handeln, da weder die Musiker noch die singende Gemeinde dem jeweils anderen gegenüber in einen getrennten Werkgenuß kommen. Die Kommission verneinte damit das Tatbestandsmerkmal der persönlichen Darbietung im Sinne von § 19 Abs. 2.

Abschließend enthielt die Stellungnahme einen Vorschlag zur Neufassung von § 52 Abs. 1 Nr. 2:

> „Zulässig ist die öffentliche Wiedergabe eines erschienenen Werkes, ... wenn die Wiedergabe bei einem Gottesdienst, einer kirchlichen Feier oder einer anderen Veranstaltung der Kirchen oder Religionsgemeinschaften des öffentlichen Rechts stattfindet; jedoch hat der Veranstalter dem Urheber für die Wiedergabe eine angemessene Vergütung zu zahlen. *Vergütungsfrei bleibt der Gemeinde- oder Volksgesang und seine instrumentale Begleitung im Gottesdienst.*“[298]

Mit Schreiben vom 19.6.1980 hatte Bundesjustizminister Hans-Jochen Vogel der katholischen Kirche einen Zwischenbescheid erteilt. Neben einer sorgfältigen Prüfung des kirchlichen Anliegens hatte er eine ausdrückliche Klarstellung der verbliebenen Zweifelsfragen in Aussicht gestellt.[299]

Im Referentenentwurf des Bundesjustizministeriums vom 8.9.1980 lautet § 52 Abs. 2:

> „(2) Zulässig ist die öffentliche Wiedergabe eines erschienenen Werkes auch bei einem Gottesdienst, einer kirchlichen Feier oder einer anderen Veranstaltung der Kirchen oder Religionsgemeinschaften des öffentlichen Rechts. Jedoch hat, außer für die Liturgie, den Gesang der Gemeinde und die Begleitung bei gottesdienstlichen Veranstaltungen, der Veranstalter dem Urheber eine angemessene Vergütung zu zahlen.“

Sehr schnell hatten die Kirchen erkannt, daß mit dieser Formulierung Einfluß auf die an die GEMA zu zahlenden Pauschalvergütungen zu nehmen sei.[300]

In ihrer Sitzung am 2.12.1980 in München beschloß die KVUM einen Modifikationsvorschlag zu § 52 Abs. 2, der lautete:

---

298 Stellungnahme Katholische Kirche v. 20.5.1980. In: KVUM I

299 Schreiben Vogel an Bocklet v. 19.6.1980. In: KVUM I

300 Schreiben EKD v. 16.10.1980. In: KVUM I

„(2) Zulässig ist die öffentliche Wiedergabe eines erschienenen Werkes *insbesondere* auch bei einem Gottesdienst, einer kirchlichen Feier oder einer anderen Veranstaltung der Kirchen oder Religionsgemeinschaften des öffentlichen Rechts. Jedoch hat, außer für *das Gebet und den Gesang des Liturgen, das Gebet und den Gesang der Gemeinde und seine Begleitung* bei gottesdienstlichen Veranstaltungen, der Veranstalter eine angemessene Vergütung zu zahlen."

Dieser Vorschlag wurde vom katholischen Urheberrechtler Winfried Schulz bei einer Sitzung der Dezernenten/Referenten für Urheberrecht der Gliedkirchen der Evangelischen Kirchen in Deutschland am 4.12.1980 in Hannover vorgestellt. Er erläuterte, daß durch die Einfügung des generischen Begriffs „Liturgie" im Referentenentwurf die Grenzziehung der im Gottesdienst urheberrechtlich relevanten und nicht relevanten Teile verwischt würde.

Gegen die von der katholischen Kirche vorgeschlagenen Präzisierungen wurden von Seiten der Teilnehmer erhebliche Einwendungen gemacht, da die evangelischen Kirchen ihre Maximalforderungen aufrecht erhalten wollten. Der schließlich gefundene Formulierungsvorschlag der evangelischen Kirche zu § 52 Abs. 2 S. 2 lautete:

„Jedoch hat, außer für *das Gebet und den Gesang des Liturgen und der* Gemeinde sowie deren Begleitung bei gottesdienstlichen Veranstaltungen, der Veranstalter dem Urheber eine angemessene Vergütung zu bezahlen."[301]

Trotz der unterschiedlichen Auffassungen wollten sich beide Kirchen nochmals bemühen, eine gemeinsame Stellungnahme abzugeben[302], auch wenn zwischenzeitlich neben dem Entwurf von Schulz für das Katholische Büro Bonn, dem der evangelischen Kirchen noch ein weiterer von Oberkirchenrat Krag, München, vorlag.[303]

---

301 Aktenvermerk Schulz v. 5.12.1980. In: KVUM I

302 Schreiben Schuler an Overath und andere v. 11.12.1980. In: KVUM I

303 Entwurf OKR Dr. Krag, München zu § 52 Abs. 2: „Zulässig ist die öffentliche Wiedergabe eines erschienenen Werkes (insbes. auch bei einem Gottesdienst, einer

Daß die Positionen der Kirchen, wie sie der Referentenentwurf des Bundesjustizministeriums wiedergab, von weiten Kreisen der urheberrechtlichen Fachöffentlichkeit eher skeptisch bis ablehnend beurteilt wurden, zeigte sich jedoch bereits auf einer Sitzung des Instituts für Film- und Medienrecht im November 1980; und auch anläßlich einer Tagung der Vereinigung für Urheberrecht und gewerblichen Rechtsschutz am 1.12.1980 sprachen sich die meisten Teilnehmer für die Streichung der Vergütungsfreiheit des Volksgesangs aus.[304]

Beiden Kirchen gelang es auf einer Sitzung am 22.12.1980 im Katholischen Büro in Bonn eine gemeinsame Stellungnahme gegenüber der Bundesregierung auszuarbeiten und einen gemeinsamen Entwurf zu § 52 zu verabschieden, der in Absatz 2 Satz 2 lautete:

> „... Jedoch hat, außer *für das Gebet und den Gesang der Liturgen und der Gemeinde sowie deren Begleitung* bei gottesdienstlichen Veranstaltungen, der Veranstalter dem Urheber eine angemessene Vergütung zu zahlen. *Im übrigen gilt Abs. 1 entsprechend.*“[305]

Die hervorgehobene Bedeutung, die der kultische Charakter der liturgischen Musik im Entwurf gefunden hatte, wurde besonders begrüßt. Daneben wurde der Begriff „Liturgie“ ausführlich – aus Sicht der Kirchen – erläutert, der einen sehr weiten, nahezu gleichbedeutend mit „Gottesdienst“ und einen engeren Sinn haben kann. Dieser letztere ist es, der nach Auffassung beider Kirchen urheberrechtlich einschlägig ist und der die Handlungen und Gebete des Liturgen und der Gemeinde sowie den Gesang der Liturgen und der Gemeinde und den Wechselgesang zwischen Liturgen

---

kirchlichen Feier oder einer anderen Veranstaltung der Kirchen oder Religionsgemeinschaften des öffentlichen Rechts). Der Veranstalter hat jedoch eine angemessene Vergütung zu zahlen, soweit nicht in entsprechender Anwendung von Absatz 1 Vergütungsfreiheit besteht. Bei gottesdienstlichen Veranstaltungen kann für Gebete, den Gesang der Gemeinde und der Liturgen sowie ihre Begleitung eine Vergütung nicht gefordert werden. Gleiches gilt für diejenigen Teile der Liturgie, die nach Art und Umfang ausschließlich für den Gottesdienst bestimmt und für eine selbständige Aufführung nicht geeignet sind.“ In: KVUM I

304 Schreiben Hubmann an Overath v. 15.12.1980. In: KVUM I

305 Schreiben Schulz an das Kommissariat der Deutschen Bischöfe v. 23.12.1980. In: KVUM I

und Gemeinde und darüber hinaus die begleitende, einleitende und abschließende Musik umfaßt.[306]

Während die beiden Kirchen noch darum rangen, wie die Vergütungsfreiheit für bestimmte liturgische Formen im Gottesdienst möglichst umfassend gesetzlich geregelt werden könnten und der Entwurf der Bundesregierung durch seine Formulierung in § 52 Abs. 2 S. 2 dies auch zum Ausdruck brachte, wurde von Seiten der GEMA gerade an dieser Vergütungsfreiheit scharfe Kritik geübt. In seiner Stellungnahme vom 31.12.1980 führte Schulze in seiner Eigenschaft als Mitglied der Sachverständigenkommission für Urheberrecht aus:

> „c) schon gar nicht verfassungskonform ist Abs. 2 Satz 2 über die Vergütungsfreiheit für Liturgie, den Gesang der Gemeinde und die Begleitung bei gottesdienstlichen Veranstaltungen ... Die Differenzierung zwischen kirchlicher und anderer Musik ist verfassungsrechtlich nicht haltbar."[307]

Und so forderte er, § 52 Abs. 2 S. 2 zu formulieren, wie folgt:

> „Zulässig ist die öffentliche Wiedergabe eines erschienenen Werkes, wenn die Wiedergabe bei einem Gottesdienst, einer kirchlichen Feier oder einer anderen Veranstaltung der Kirchen oder Religionsgesellschaften des öffentlichen Rechts stattfindet; jedoch ist dem Urheber für die Wiedergabe eine angemessene Vergütung zu zahlen."[308]

Schulze bezog sich insbesondere auf die seinem Schreiben beigelegte „Stellungnahme zur verfassungsrechtlichen Frage der Bewegungsweite des Gesetzgebers, urheberrechtliche Vergütungen zu begrenzen (zu § 52 Referentenentwurf einer Novellierung des Urheberrechtsgesetzes, Stand vom

306 Stellungnahme zum Referentenentwurf eines Gesetzes zur Änderung des Gesetzes über Urheberrecht und verwandte Schutzrechte (Urheberrechtsgesetz), Stand: 8.9.1980, des Kommissariats der Deutschen Bischöfe v. 22.12.1980, S. 3 f. In: KVUM I

307 Stellungnahme E. Schulze v. 31.12.1980. In GEMA-Nachrichten 114/1981, S. 7

308 a.a.O.

8.9.1980)“ des Verfassungsrechtlers Peter Lerche vom 7.12.1980. Lerche betonte den verfassungsrechtlichen Grundsatz: die Zulässigkeit, einen Vergütungsanspruch auszuschließen, hänge davon ab, ob Gründen des Gemeinwohls Vorrang vor urheberrechtlichen Interessen gebühre. Er vermißte insbesondere die Erforderlichkeit eines Ausschlusses und rügte die Nichtanwendung des Verhältnismäßigkeitsgrundsatzes.[309]

Zu § 52 Abs. 2 S. 2 wurde ausgeführt:

> „aa) Der Entwurf arbeitet an dieser Stelle mit der Herausnahme ganzer Tatbestandsblöcke aus der Vergütungspflicht. Das mag in einiger Hinsicht gerechtfertigt sein, wird in anderer aber (namentlich wohl angesichts der pauschalen Erfassung der „Begleitung bei gottesdienstlichen Veranstaltungen“) problematisch. Zur Begründung operiert der Entwurf mit dem einfachgesetzlichen Begriff der „Aufführung“ (vgl. S. 13 f. des Entwurfs).
>
> Die Beseitigung der Vergütungspflicht muß aber nach dem Gesagten verfassungsrechtlich „geboten“ sein; ihre Legitimität kann daher nicht von der (etwa extensiven) Interpretation einfachgesetzlicher Begriffe abhängen. Insoweit ist also die Begründung nicht schlüssig.
>
> Auch im übrigen ist – entgegen Entwurf S. 15, 13 – nicht nur entscheidend, was dem Urheber ‚zumutbar’ ist, sondern was im dargelegten Sinn ‚geboten’ ist.“

Und er zog das Resümee:

> „Es will daher nicht einleuchten, wenn der Gesetzgeber durch pauschale Ausscheidung aller Formen der ‚Begleitung’ von der Vergütungspflicht die notwendige individualisierende Bemessung nach dem jeweils ‚Gebotenen’ abscheidet.“[310]

---

[309] Stellungnahme Lerche v. 7.12.1980, S. 1. In: OUA

[310] a.a.O., S. 5 f.

Auf die Besonderheiten, die liturgische Bedeutung der besagten Musikformen und auf die Frage, ob beim Erklingen dieser Musik im Gottesdienst eine Aufführung im urheberrechtlichen Sinne vorliegt, ging Lerche in seiner neunseitigen Stellungnahme wohlweislich nicht ein und beließ es bei allgemein anerkannten, auch durch das Bundesverfassungsgericht in seiner Kirchenmusikentscheidung bestätigten Rechtsgrundsätzen.

Auf der für den 17.9.1981 terminierten Anhörung des Bundesjustizministeriums zur Änderung des Urheberrechtsgesetzes wurde die Frage der Vergütungspflicht von Musik im Gottesdienst nur kurz behandelt; man wollte den Referentenentwurf mit den Belangen der Kirchen abstimmen.[311] Im Nachgang wurde insbesondere über die Abgrenzung der Bereiche gottesdienstlicher Musik diskutiert, die nach Auffassung der Kirchen nicht freigestellt sein sollten. Auf Seiten der evangelischen Kirchen machte sich die Sorge breit, daß eine gesetzliche Regelung, die weite Teile des Gottesdienstes vergütungsfrei ließe, wiederum vom Bundesverfassungsgericht als verfassungswidrig erklärt würde. Wenn das Kriterium der „Aufführung" im urheberrechtlichen Sinn zur Beurteilung der Vergütungspflicht herangezogen werden sollte, so befürchteten die evangelischen Kirchen, wären diejenigen Teile vergütungspflichtig, bei denen man eine Zweiteilung von Darbietenden und Zuhörern feststellen kann. Vergütungspflichtig seien danach:

- alle Formen von Solo-Gesang und Solo-Instrumentalmusik, Kantaten, Messen usw.,
- Spiel des Posaunenchors, sofern es nicht in der Form geschieht, daß verschiedene Strophen desselben Liedes im Wechsel von der Gemeinde und dem Posaunenchor gespielt werden, weil hier das Posaunenspiel als einbezogen in den Gemeindegesang anzusehen ist,
- Chorgesang (mit der gleichen Einschränkung wie beim Posaunenchor),
- wohl auch Vorspiele (soweit nicht bloße Intonation).[312]

Daß die Befürchtungen der evangelischen Seite nur zu berechtigt waren, erwies sich durch die Änderungen, die der zweite Referentenentwurf des Bundesjustizministeriums zu § 52 vom 21.4.1982 erfuhr. Die im Entwurf

311 Protokoll der 15. Sitzung der KVUM am 20.11.1981, S. 4. In: KVUM II
312 Schreiben Dr. Linnewedel an Dr. Schuler v. 7.10.1981. In: KVUM II

vom September 1980 noch explizit erwähnte Vergütungsfreiheit für den Gemeindegesang sowie den Gesang der Liturgen wurde ersatzlos gestrichen. § 52 Abs. 2 lautete:

> „(2) Zulässig ist die öffentliche Wiedergabe eines erschienenen Werkes auch bei einem Gottesdienst oder einer kirchlichen Feier der Kirchen oder Religionsgemeinschaften des öffentlichen Rechts. Jedoch hat der Veranstalter dem Urheber eine angemessene Vergütung zu zahlen."

Lediglich die Begründung zu § 52 machte sich die Formulierungen der Kirchen – allerdings fast wörtlich – zu eigen.

In der Sachverständigenanhörung wandte sich vor allem die ehemalige Vorsitzende des für Urheberrechtsstreitigkeiten zuständigen 1. Zivilsenats des BGH, Krüger-Nieland, gegen die noch im ersten Referentenentwurf vorgesehene ausdrückliche Freistellung des Gemeindegesangs, während allein Hubmann die Position der Kirchen vertrat. Der zuständige Ministerialdirektor Krieger lehnte die Hereinnahme der Freistellung „wegen angeblicher Hypertrophie des Gesetzes ab."[313]

Mit Schreiben vom 12.8.1980 wandte sich das Ministerium für Kultus und Sport Baden-Württemberg an das Justizministerium Baden-Württemberg und bemängelte im Bezug auf die vorgesehene Neufassung von § 52 Abs. 2, daß die Vergütungsfreistellung für die Liturgie, den Gesang der Gemeinde und die Begleitung bei gottesdienstlichen Veranstaltungen entfallen sei und forderte deren Wiederaufnahme in den Entwurfstext.[314]

Aber auch der Gesetzentwurf der Bundesregierung vom 17.9.1982 übernahm die von den Kirchen kritisierte Regelung des Referentenentwurfs vom 21.4.1982. Sowohl der katholischen Kirche, als auch den evangelischen Kirchen war bewußt, daß Begründungsmaterialien die Gesetzesauslegung im Streitfall nicht zu binden vermögen. Man war der Meinung, daß die bestehende Rechtsunsicherheit mit dem Gesetzesentwurf nicht ausge-

---

313 Vertraulicher Vermerk Röder v. 25.6.1982. In: KVUM II

314 Schreiben v. 12.8.1982. In: KVUM II

räumt war und wollte sich um die Wiederherstellung des alten Textes bemühen.[315]

Auf Seiten der evangelischen Kirchen wurde versucht, § 52 Abs. 2 S. 2 folgende Fassung zu geben:

> „Jedoch hat der Veranstalter *bei Veranstaltungen mit Aufführungscharakter* dem Urheber eine angemessene Vergütung zu zahlen."

Dieser Vorschlag wurde von katholischer Seite zu Recht als wenig hilfreich abgelehnt, da auch das Tatbestandsmerkmal „Aufführungscharakter" auslegungsbedürftig sei. Dennoch sollte wiederum eine gemeinsame Stellungnahme im Einigungswege erreicht werden.[316]

Der Finanzausschuß des Bundesrates empfahl diesem, den Gesetzentwurf abzulehnen, da die neben der Änderung von § 52 vorgesehene Novellierung des Rechts der privaten Vervielfältigung gemäß §§ 53 ff. erhebliche Mehrausgaben für die öffentliche Hand zu Folge haben würde – nach Angabe der Bundesregierung 17 Mio DM, davon 14 Mio DM für die Länder.[317] Im Einzelnen wurde dem Bundesrat vorgeschlagen, § 52 Abs. 2 S. 2 wie folgt zu fassen:

> „Jedoch hat, außer für die Liturgie, den Gesang der Gemeinde und die Begleitung bei gottesdienstlichen Veranstaltungen, der Veranstalter dem Urheber eine angemessene Vergütung zu zahlen."[318]

Die Begründung übernahm nahezu wörtlich die Argumente der beiden Kirchen für die ausdrückliche Ausnahme des Gemeindegesangs nebst Begleitung. Daneben teilte der Bundesrat auch die Auffassung in der Entwurfsbegründung, daß es sich in den vorgenannten Fällen sowie bei Gebeten und

---

315 Protokoll 17. Sitzung der KVUM v. 16.9.1982, S. 11. In: KVUM III
316 Protokoll 19. Sitzung der KVUM v. 4.2.1983, S. 3. In: KVUM III
317 BR-Drucksache 370/1/82 v. 19.10.1982, S. 1
318 a.a.O., S. 8

dem Gesang des Liturgen um keine Aufführung handelt und schon deshalb eine Vergütungspflicht nicht zur Anwendung kommt.[319]

In der Stellungnahme des Bundesrates vom 29.10.1982 zu § 52 war die Forderung nach einer ausdrücklichen gesetzlichen Ausnahmeregelung für den Gemeindegesang, wie sie noch die Empfehlung des Finanzausschusses vorgesehen hatte, entfallen. Man teilte vielmehr die Auffassung der Bundesregierung, die sich in der Entwurfsbegründung zu § 52 wiederfindet.[320]

Zwischenzeitlich hatte die neu konstituierte Bundesregierung die Novellierung des Urheberrechts erneut aufgegriffen und den Entwurf eines Gesetzes zur Änderung von Vorschriften auf dem Gebiet des Urheberrechts unverändert mit Drucksache vom 8.4.1983 an den Bundesrat zugeleitet. In seiner Sitzung vom 2.5.1983 befaßte sich der Ausschuß für Kulturfragen des Bundesrates mit dem Gesetzentwurf. Die in der vorangegangenen Legislaturperiode abgegebene Stellungnahme des Bundesrates zu § 52 Abs. 2 S. 2 wurde einstimmig angenommen.[321]

In der Sitzung des Rechtsausschusses des Bundesrates am 4.5.1983 wurde die Thematik nicht mehr aufgegriffen[322], auch nicht in den Sitzungen des Finanzausschusses und des Wirtschaftsausschusses am 5.5.1983.[323]

In der Sitzung des Bundesrates am 20.5.1983 wurden die Empfehlungen der Bundesratsausschüsse § 52 betreffend angenommen.[324]

In einem Schreiben vom 26.5.1983 an den damaligen Bundesjustizminister Engelhard, erläuterte das Katholische Büro Bonn erneut die Position der Kirchen zur Neugestaltung von § 52 und bezog sich wiederum auf seinen

---

319 a.a.O., S. 9

320 BR-Drucksache 370/82, S. 7

321 Niederschrift 221. Sitzung v. 2.5.1983 des Ausschusses für Kulturfragen des Bundesrates, S.12

322 Niederschrift 521. Sitzung v. 4.5.1983 des Rechtsausschusses des Bundesrates

323 Niederschrift 504. Sitzung v. 5.5.1983 des Finanzausschusses des Bundesrates sowie Niederschrift 449. Sitzung v. 5.5.1983 des Wirtschaftsausschusses des Bundesrates

324 Stenographischer Bericht 522. Sitzung des Bundesrates v. 20.5.1983, S. 145

Formulierungsvorschlag vom 22.12.1980.[325] Aus dem Antwortschreiben des Ministers geht hervor, daß sich die Bundesregierung außer Stande sah, den im April 1983 unverändert wieder eingebrachten Regierungsentwurf „in diesem Stadium des Gesetzgebungsverfahrens ... abzuändern."[326]

Gleichzeitig betonte der Minister, daß im Regierungsentwurf der Gemeindegesang einschließlich der Begleitung keine öffentliche Wiedergabe darstelle und daher nicht vergütungspflichtig ist:

> „Dieser Auffassung würde es widersprechen, wenn in § 52 UrhG eine ausdrückliche Ausnahme von der allgemeinen Vergütungspflicht, die für die öffentliche Wiedergabe urheberrechtlich geschützter Werke gilt, vorgesehen würde. Es würde dadurch der Schluß nahegelegt, daß es sich bei dem Gemeindegesang und seiner Begleitung doch um eine Form der öffentlichen Wiedergabe handelt, die andernfalls zu vergüten wäre. Wäre dies aber der Fall, dann könnte auch eine ausdrückliche gesetzliche Ausnahmevorschrift die Vergütungsfreiheit nicht ohne weiteres herbeiführen, weil es im Hinblick auf die Kirchenmusikentscheidung des Bundesverfassungsgerichts verfassungsrechtlichen Bedenken begegnet, einzelne Formen der öffentlichen Wiedergabe ohne Darlegung eines besonders starken 'sozialen Bezugs' von der Vergütungspflicht auszunehmen (BVerfGE 49, 382, 404)."[327]

In der 22. Sitzung der KVUM am 13.4.1984 in München erläuterte Hubmann noch einmal die Position der katholischen Kirche, wonach die Privilegierung des Volks- und Gemeindegesangs im Gesetz ausdrücklich zu regeln ist. Gleichzeitig schlug er jedoch wegen der überwiegend ablehnenden Haltung der meisten Urheberrechtsexperten gegenüber dieser Forderung gegenüber vor, sich mit der Aufnahme des kirchlichen Standpunktes in der Gesetzesbegründung zufrieden zu geben.[328]

---

325 Schreiben Bocklet an Engelhard v. 26.5.1983. In: KVUM III

326 Schreiben Engelhard an Bocklet v. 14.6.1983. In: KVUM III

327 a.a.O., S. 2

328 Protokoll, S. 2. In: KVUM V

In den Ausschußsitzungen des Deutschen Bundestages wurden die Bestimmungen zur Vergütungspflicht der Wiedergabe von Musik im Gottesdienst nicht mehr erörtert, und so wurde mit Datum vom 24.6.1985 der bis heute unverändert geltende § 52 vom Deutschen Bundestag beschlossen, der die Wiedergabe von Musik im Gottesdienst einer urheberrechtlichen Vergütungspflicht unterwirft:

> „(2) Zulässig ist die öffentliche Wiedergabe eines erschienenen Werkes auch bei einem Gottesdienst oder einer kirchlichen Feier der Kirchen oder Religionsgemeinschaften. Jedoch hat der Veranstalter dem Urheber eine angemessene Vergütung zu zahlen.“

4.0 Die verfassungsrechtliche Vorbildfunktion der Vergütungspflicht in Bezug auf urheberrechtliche Schranken

4.1 Privilegierte Nutzungssparten

Der deutsche Gesetzgeber hat durch die Schrankenregelungen, die im Ersten Teil, 6. Abschnitt des Urheberrechtsgesetzes von 1965 eingeführt worden sind, die Sozialbindung des geistigen Eigentums konkretisiert. Wie das Sacheigentum unterliegt auch das geistige Eigentum der Sozialbindung, die Art. 14 Abs. 2 GG normiert. Das Wohl der Allgemeinheit, das Satz 2 der Vorschrift anspricht, findet sich bezogen auf das geistige Eigentum wieder in den Belangen, die der Allgemeinheit Rechnung tragen.[329] Da die in den §§ 44 a ff. geregelten Ausnahmevorschriften unmittelbar in die Rechts- und damit Eigentumspositionen der Urheber eingreifen, sind diese eng auszulegen.[330] Daß die abschließend aufgeführten privilegierten Nutzungssparten der Allgemeinheit jeweils bestimmten Personen- oder Interessengruppen zu Gute kommen, liegt in der Natur der Sache. Vielfach ist es jedoch der Staat selbst, die öffentliche Hand als urheberrechtlicher Vergütungsschuldner, der als Gesetzgeber sorgfältig darauf achtet, daß er Vorteile aus den Schrankenregelungen ziehen kann.[331]

Wenn im Folgenden von privilegierten Nutzungssparten gesprochen wird, so sind darunter solche Nutzungen von Musik zu verstehen, auf die die Privilegierungstatbestände des Ersten Teils, 6. Abschnitt des Urheberrechtsgesetzes gleichsam „ausstrahlen“. Durch die Schrankenregelungen und die damit erfolgte Konkretisierung der berechtigten Interessen der Allgemeinheit hat der Gesetzgeber auch die Zielrichtung der rechtfertigenden Gründe vorgegeben. In diese Richtung argumentieren die Nutzer von Musik häufig und berufen sich auf angebliche Befreiungstatbestände wie Allgemeinwohl, Musikpflege, Brauchtum oder Nachwuchsförderung. Ziel dieser Vorge-

---

329 BVerfGE 49, 382 (400)

330 Schricker/Melichar, 2. A., Vor §§ 45 ff. Rdnr. 15

331 vgl. etwa §§ 45 Abs. 1, 2; 47; 52 Abs. 1, S. 2

hensweise ist es immer, die Urheber in eine moralisch angreifbare, defensive Situation zu bringen, damit die Musikaufführung oder sonstige urheberrechtliche Nutzung vergütungsfrei oder mit möglichst niedrigen Vergütungssätzen erfolgen kann.

Dabei wird häufig übersehen, daß sich zum Beispiel die vom Gesetz als genehmigungs- und vergütungsfrei gestalteten Veranstaltungsformen des § 52 nur auf solche beziehen, die in den nach Satz 3 abschließend aufgezählten Einrichtungen der Jugendhilfe, der Sozialhilfe, der Alten- und Wohlfahrtspflege, der Gefangenenbetreuung sowie für Schulveranstaltungen stattfinden.[332] Die Tatbestandsmerkmale „Jugendhilfe, Sozialhilfe und Alten- und Wohlfahrtspflege" definieren sich streng nach den Bestimmungen der Sozialgesetzgebung, so daß etwa der Bereich der Altenhilfe (§ 75 BSHG) nicht unter die Altenpflege fällt und Veranstaltungen in diesem Bereich vergütungspflichtig sind, wenn die übrigen Voraussetzungen vorliegen.[333]

Gleichwohl kommt es in der Praxis immer wieder vor, daß sich Träger von Einrichtungen, die in den genannten Bereichen angesiedelt sind, auf eine aus § 52 abgeleitete Vergütungsfreiheit berufen. Für die Urheber und die sie vertretende GEMA treten damit in vielen Fällen Argumentationsprobleme auf, können die berechtigen urheberrechtlichen Ansprüche nur unter erschwerten Bedingungen durchgesetzt werden. Der Gesetzgeber hat mit diesen Ausnahmevorschriften einen Kreis von Musiknutzern geschaffen, die sich per se gegenüber dem geistigen Eigentum des Urhebers privilegiert fühlen. Die Sensibilität, mit der die Berechtigten und damit die GEMA vorgehen müssen, wirkt sich oft zu deren Lasten aus.

Eine Veranstaltungskategorie, bei der man sich besonders häufig auf berechtigte Interessen der Allgemeinheit beruft, sind sog. Wohltätigkeitsveranstaltungen. Beispiele:

1. Der Veranstalter hatte zugunsten der „Aktion Sorgenkind" Veranstaltungen durchgeführt. Hierfür hatte er beim Finanzamt Steuerbefreiung „aus

332 Schricker/Melichar, 2. A., § 53 Rdnr. 24
333 Fromm/Nordemann/Nordemann, 1988, § 52 Rdnr. 7

sozialen Gründen" erlangt. Analog beanspruchte er eine Vergütungsbefreiung von der GEMA.

Das Amtsgericht Hannover verneinte sowohl eine Verpflichtung der GEMA, bei Aufführungen für einen sozialen Zweck Gebührenfreiheit zu gewähren, wie eine Verpflichtung zur Gebührenfreiheit bei Steuerbefreiung.[334]

2. In einem anderen Fall, wiederum einer Veranstaltung zugunsten der „Aktion Sorgenkind", berief sich der Veranstalter auf § 52, um eine Vergütungsbefreiung durchzusetzen. So habe in seinem Fall die Erwerbslosigkeit der Veranstaltung gemäß § 52 bestanden und damit die Voraussetzung für die Vergütungsbefreiung vorgelegen, weil alle Einnahmen aus der Veranstaltung abgeführt worden seien.

Das Amtsgericht Charlottenburg sah indessen allein durch die Weiterleitung der Einnahmen nicht die Tatbestandsvoraussetzungen der Erwerbslosigkeit gemäß § 52 als erfüllt an.[335]

3. Der Betreiber einer Ballettschule hatte „Kindertanzen für UNICEF-Kinder" veranstaltet. Er vertrat die Auffassung, daß die Erwerbslosigkeit im Sinne von § 52 gegeben sei, da weder die aufführenden Künstler (Kinder), noch er selbst irgendeine Vergütung aus dieser Veranstaltung erhalten hätten, weil der gesamte Erlös an die UNICEF abgeführt worden sei.

Nach Auffassung des Amtsgerichts Kassel kann sich der Veranstalter in seiner Ablehnung der urheberrechtlichen Vergütungsforderung nicht auf § 52 berufen. Erstens habe es sich nicht um eine der im Gesetz genannten Veranstaltungen (Jugendhilfe etc.) gehandelt. Zweitens habe die Veranstaltung auch dem Erwerbszweck des Veranstalters gedient. Hier unterscheidet das Gericht folgerichtig Haupt- und Nebenzweck solcher Wohltätigkeitsveranstaltungen, wobei die Zuordnung offen bleibt. Das Gericht verdeutlicht, daß der Wohltätigkeitsaspekt gewöhnlich von einem Erwerbszweck zu eigenen Gunsten begleitet werde. So könne der Veranstalter nicht

---

334 Urteil Amtsgericht Hannover v. 27.11.1974 – 1 C 163/74
335 Urteil Amtsgericht Charlottenburg v. 19.5.1978 – 9 C 116/78

bestreiten, daß solche Veranstaltungen Bekanntheitsgrad und Renommee des Veranstalters steigerten. In diesem Zusammenhang gebrauchte das Gericht den Begriff der „Werbeveranstaltung“.[336]

4. Ein Verein hatte ohne vorherige Einwilligung der GEMA eine Wohltätigkeitsveranstaltung durchgeführt.

Das Amtsgericht Kassel erkennt die Schadenersatzforderung der GEMA an, weil ohne Berechtigung fremdes Urheberrechtsgut genutzt worden sei; die ungerechtfertigte Bereicherung sei in Höhe der Klageforderung herauszugeben. Die Wiedergabe sei auch nach § 52 vergütungspflichtig gewesen. Denn selbst bei fehlendem Erwerbszweck des Veranstalters seien nur die gesetzlich genannten Institutionen von der Vergütungspflicht befreit.[337]

Wenn die genannten Bespiele verdeutlichen, daß die Gerichte die Ausnahmevorschriften, insbesondere § 52, zutreffend eng auslegen, so zeigt doch auch die Argumentation der jeweiligen Veranstalter, daß man sich im Bereich der Privilegierten sieht, die berechtigten Ansprüche der Urheber also zuerst einmal mit der Waffe des § 52 bekämpft werden.

Voraussetzung für eine Privilegierung nach § 52 Abs. 1 S. 1 ist unter anderem, daß „keiner der ausübenden Künstler (§ 73) eine besondere Vergütung erhält“. Auch bei diesem Tatbestandsmerkmal kommt es in der Praxis vielfach zu Schwierigkeiten. War im Gesetzestext von 1965 noch zu lesen, daß dem ausübenden Künstler „keine besondere Vergütung gezahlt“ werden darf, so wurde 1985 klargestellt, daß er keine Vergütung „erhalten“ darf.[338] Der Gesetzgeber hatte damit deutlich gemacht, daß der ausübende Künstler keine Kosten für den Veranstalter verursachen darf, wenn die betreffende Veranstaltung unter den Privilegierungstatbestand fallen soll. Daher versteht § 52 auch die Hingabe von Naturalien, also zum Beispiel kostenloses Essen oder Trinken als Vergütung.[339] Konkret bedeutet dies, daß alle Veranstaltungen, bei denen die Musiker zu einem kostenlosen Essen und Trinken eingeladen werden, erlaubnis- und lizenzpflichtig sind. Man denke da-

[336] Urteil Amtsgericht Kassel v. 25.11.1985 – 89 C 4943/85
[337] Urteil Amtsgericht Kassel v. 2.3.1995 – 432 C 7384/94
[338] Schricker/Melichar, 2. A., § 52 Rdnr. 18
[339] Schricker/Melichar, 2. A., § 52 Rdnr. 19

bei an die großen Charity-Veranstaltungen, denen sich häufig ein glanzvolles Buffet für die Zuhörer und Künstler anschließt: in diesen Fällen mangelt es bereits an den Voraussetzungen von § 52 Abs. 1 S. 1.

Daneben ist zu berücksichtigen, daß im Bereich der Laienmusik, wie bei den Sängerbünden und ähnlichen Gruppen, in vielen Fällen festangestellte, vollzeit oder teilzeit engagierte Ensembleleiter tätig sind, deren Entlohnung die Anwendung der Ausnahmevorschrift des § 52 von vornherein ausschließt. Daß die Betroffenen diese Gesetzesauslegung in den wenigsten Fällen zu akzeptieren bereit sind, darf bei der Komplexität der Materie nicht verwundern, wähnen sich doch die meisten Mitwirkenden unbezahlt.

Den Auswirkungen des § 52 ist es auch zuzuschreiben, daß die GEMA bei Schützengemeinschaften für Musikaufführungen, die anläßlich der traditionellen Schützenfeste stattfinden, keine Aufführungstantiemen erhebt für:

- Weckruf-Musik
- Marschmusik anläßlich des Abholens und Einbringens des Schützenkönigs
- Marschmusik anläßlich des Abholens und Einbringens der Fahnen
- Musik anläßlich des Einmarsches und Ausmarsches der Schützenkompanien oder -vereine
- Musik zum Zapfenstreich.[340]

Diese beispielhaft herausgegriffenen Fallkonstellationen verdeutlichen eindrucksvoll die grundsätzliche Problematik, die von der Privilegierung einer erlaubnisfreien Musiknutzung ausgeht. Ist es schon schwer genug, den Rechtsgedanken des geistigen Eigentums im Bewußtsein der Öffentlichkeit zu verankern, um wie viel schwieriger gestaltet sich die überzeugende Ausdifferenzierung der in § 52 Abs. 1 S. 1 festgelegten Fallgruppen.

---

340 Gesamtvertrag – RV/34 Nr. 1 (2) GEMA und Schützenverbände

4.2 Privilegierte, vergütungsfreie Nutzungen von Werken der Musik

Neben der Erlaubnisfreiheit mit Vergütungspflicht findet sich im Ersten Teil, 6. Abschnitt des Urheberrechtsgesetzes eine Vielzahl von privilegierten, vergütungsfreien Nutzungen von Werken der Musik. Die im Gesetz dafür konkretisierten Rechtfertigungsgründe sind beispielsweise „Rechtspflege und öffentliche Sicherheit", „Erleichterung des Schulunterrichts" oder „Freiheit des geistigen Schaffens."[341] Es darf bei diesen unstrittig wichtigen Interessen der Allgemeinheit jedoch nicht übersehen werden, daß es letztendlich der Urheber ist, dessen verfassungsmäßigen Rechte zugunsten des jeweils speziell definierten Allgemeinwohls eingeschränkt oder vermindert werden.

So schränkt § 47 Abs. 1 das Vervielfältigungsrecht ein, indem er Schulen sowie Einrichtungen der Lehrerbildung und Lehrerfortbildung gestattet, einzelne Vervielfältigungsstücke von Werken, die innerhalb einer Schulfunksendung gesendet werden, herzustellen. Die Bestimmung ist eine Neuregelung des Gesetzes von 1965, das die Ausnahme vom Verbotsrecht mit dem Bestehen eines gerechtfertigten pädagogischen Interesses begründete.[342]

Einen Vergütungsanspruch der betroffenen Urheber für die vorgenommene Vervielfältigung erachtete der Gesetzgeber nicht als notwendig,

> „weil es sich hierbei nicht um eine zusätzliche Verwertung des Werkes, an der der Urheber zu beteiligen wäre, handelt, sondern der Lehrer nur in die Lage versetzt werden soll, eine Schulfunksendung zu dem ihm richtig erscheinenden Zeitpunkt in den Lehrplan einzufügen."[343]

341 Schricker/Melichar, 2. A., Vor §§ 45 ff. Rdnr. 4
342 AmtlBegr. In: UFITA 45, S. 281
343 a.a.O.

Mit Beschluß vom 7.7.1971 bestätigte das Bundesverfassungsgericht die damals geltende Gesetzesregelung.[344] Das Gericht wiederholte seine Auffassung, die es im Beschluß zum „Schulbuchprivileg"[345] dargelegt hatte, daß nämlich das Urheberrecht hinsichtlich seiner vermögensrechtlichen Elemente Eigentum im Sinne des Art. 14 Abs. 1 S. 1 GG ist; es unterliegt der Sozialbindung (Art. 14 Abs. 1 S. 2 GG). Der Gesetzgeber muß sich bei dessen Beschränkungen jedoch an die verfassungsrechtlichen Grenzen halten.[346] Diese sieht das Bundesverfassungsgericht nicht als verletzt an, da die Vorschrift lediglich eine Konkretisierung der Grenze darstellt:

> „Vom Zweck der Regelung handelt es sich um eine technische Vorschrift. Sie soll ermöglichen, daß Schulfunksendungen im richtigen Augenblick denjenigen vorgeführt werden können, für die sie bestimmt sind. Die Sendung selbst darf nur mit Zustimmung des Urhebers vorgenommen werden; der Urheber muß damit rechnen, daß seine Sendung nicht von allen in Betracht kommenden Schulen zur Sendezeit für den Unterricht verwendet werden kann. Bei dieser Situation kann erwartet werden, daß er mit der Zustimmung zur Sendung seines Werkes im Schulfunk auch die Übertragung auf Bild- oder Tonträger im Interesse einer bestimmungsmäßigen Auswertung billigt."[347]

Das Gericht kam also im betreffenden Fall gar nicht zu einer Güterabwägung – hier schützenswertes Interesse des Urhebers, da überwiegende andere Gemeinwohlinteressen – weil die Zustimmung des Urhebers fingiert wurde.

Einen Vergütungsanspruch für die erlaubte Vervielfältigung hielt das Gericht, den Argumenten des Gesetzgebers folgend, für entbehrlich, da es sich bei der betreffenden Vervielfältigung nicht um eine zusätzliche Verwertung des Werkes handelt, an der der Urheber zu beteiligen wäre.[348]

---

344 BVerfGE 31, 270
345 BVerfGE 31, 229
346 BVerfGE 31, 270 (273)
347 a.a.O.
348 BVerfGE 31, 270 (274)

Mit der Urheberrechtsnovelle 1985 wurde die Bestimmung weiter zu Lasten der Urheber ausgedehnt. Der neu eingefügte Satz 2 des Absatzes 1 gestattet nunmehr auch den Heimen für Jugendhilfe und den staatlichen Landesbildstellen sowie vergleichbaren Einrichtungen in öffentlicher Trägerschaft die erlaubnis- und kostenfreie Vervielfältigung. Daneben wurde die in Absatz 2 geregelte Löschungsfrist vom Ende des laufenden Schuljahres auf das Ende des auf die Übertragung folgenden verlängert. Daß diese Erweiterung von der fiktiven Zustimmung des Urhebers zur Sendung mitgetragen sein soll, muß bezweifelt werden. Verfassungswidrig scheint auch die Einbeziehung weiterer Institutionen in den Berechtigtenkreis. Aufschlußreich ist die Staatsnähe der Begünstigten, wenn man berücksichtigt, daß die Erweiterung um die „Heime der Jugendhilfe“ erst auf Vorschlag des Bundesrates erfolgte.[349] Dieser vertritt die Interessen der Bundesländer, die regelmäßig die Träger der privilegierten Institutionen und damit Kostenschuldner eines etwaigen Vergütungsanspruches wären. Es steht zu vermuten, daß das staatliche Finanzinteresse, die leeren Kassen der öffentlichen Hände das Eigentumsrecht des Urhebers in den Hintergrund gedrängt hat.

Vergütungsfrei sind nach § 52 Abs. 1 S. 3 auch Musikwiedergaben bei Veranstaltungen der Jugendhilfe, der Sozialhilfe, der Alten- und Wohlfahrtspflege, der Gefangenenbetreuung sowie für Schulveranstaltungen, sofern sie nach ihrer sozialen oder erzieherischen Zweckbestimmung nur einem bestimmt abgegrenzten Kreis von Personen zugängig sind.

Vor dem Hintergrund der Vergütungspflicht für die Wiedergabe von Musik im Gottesdienst kommt der Frage, ob die genannten freien und kostenlosen Werknutzungen verfassungsrechtlich unbedenklich sind, eine pointierte Bedeutung zu.

Besonders problematisch ist dabei die Freistellung von Schulveranstaltungen. Wie bereits ausgeführt, erfordert eine erlaubnis- und vergütungsfreie Nutzung von Urheberrechten ein gesteigertes öffentliches Interesse. Daneben ist zu berücksichtigen, daß das Musizieren im Klassenverband in der Regel nicht öffentlich im Sinne des § 15 Abs. 3 ist, da Schüler und Leh-

[349] Stellungnahme des Bundesrates. In: UFITA 102, S. 115 f.

rer einen bestimmt abgegrenzten Personenkreis bilden, der durch gegenseitige Beziehungen miteinander persönlich verbunden ist.

Auch die Schulveranstaltungen müssen, um erlaubnis- und vergütungsfrei zu sein, die Voraussetzungen von § 52 Abs. 1 S. 1 erfüllen. Daneben müssen sie unter einer sozialen oder erzieherischen Zweckbestimmung stehen, wie zum Beispiel Schulkonzerte. Dies gilt nicht für Schulfeste oder Wohltätigkeitsveranstaltungen in den Schulen oder Jahrgangsfeten, Stufenparties oder Abiturfeiern. Zusätzlich müssen bei der Schulveranstaltung alle Teilnehmer untereinander „persönlich verbunden" sein, so daß ein bestimmt abgegrenzter Personenkreis gewährleistet ist. Dies bedeutet auch, daß der Veranstalter bei Veröffentlichungen (zum Beispiel Hinweisen in der Presse) ausdrücklich darauf hinweisen muß, daß es sich hier um eine schulinterne Veranstaltung handelt. Um den Charakter solcher Veranstaltungen zu sichern, müssen Personen, die nicht zu dem bestimmt abgegrenzten Personenkreis gehören, vom Veranstalter abgewiesen werden.

In den meisten Fällen wird eine Lehrkraft die Veranstaltung organisatorisch begleiten, und dies im Rahmen ihrer beruflichen Tätigkeit. Für diese wird sie vom Staat auch als „ausübender Künstler" entlohnt, so daß eine Vergütungspflicht von Schulveranstaltungen außerhalb des Klassenrahmens in nahezu allen Fällen gegeben ist, bei denen Lehrkräfte aktiv beteiligt sind.

Was die Freistellung der Sozial- und Schulveranstaltungen im übrigen betrifft, so gilt es zu berücksichtigen, daß das Bundesverfassungsgericht eine abschließende Klärung der Fälle von § 52 Abs. 1 a.F. ausdrücklich abgelehnt hat:

> „Ob § 52 Abs. 1 Nr. 1, soweit er einen Vergütungsanspruch ausschließt, mit der Verfassung im Einklang steht, kann im Rahmen dieses Verfahrens [Kirchenmusikentscheidung, Anm. des Verfassers] nicht entschieden werden."[350]

---

[350] BVerfGE 49, 382 (403)

Die Begründung für die Befreiung der Sozial- und Schulveranstaltungen argumentiert zwar mit der Rechtsprechung des Bundesverfassungsgerichts lapidar:

> „Die geforderte Abwägung zwischen den Belangen des Urhebers und denen der Allgemeinheit lassen die Begünstigung der Veranstaltungen der Jugend- Alten- und Sozialpflege gerechtfertigt erscheinen“[351], verkennt jedoch Inhalt und Grenzen des geistigen Eigentums. Darüber hinaus war es ein Irrtum des Gesetzgebers zu glauben, es handele sich im vorliegenden Fall um 'einen eng begrenzten Kreis von Veranstaltungen, die einen ausschließlich sozialen Bezug haben'.“[352]

In seiner Entscheidung „Vollzugsanstalten“[353] hat das Bundesverfassungsgericht die Privilegierung der Wiedergabe von Musik in Vollzugsanstalten für verfassungsgemäß erklärt. Wesentliches Kriterium für die Verfassungskonformität soll danach sein, ob das, was dem Urheber „unter dem Strich“ verbleibt, noch als angemessenes Entgelt anzusehen ist.[354] Diese Frage wurde bei den Veranstaltungen in Vollzugsanstalten bejaht, da die Vielzahl der betroffenen Komponisten, Textdichter, Musikverlage und Künstler wirtschaftliche Einbußen erlitten, die nicht ins Gewicht fielen.[355]

Stellt das Bundesverfassungsgericht bei diesen materiell-rechtlichen Erwägungen auf unspezifisch bleibende, dem Charakter des Urheberrechts nicht gerecht werdende Billigkeitsgesichtspunkte ab[356], so liegen bei der Wiedergabe von Musik bei Schulveranstaltungen deutlich andere Rahmenbedingungen vor.

Das Bundesverfassungsgericht hat von den Urhebern kein Sonderopfer verlangt. So wie das Elektrizitätswerk seinen Strom an die Sozialträger und Schulen nicht kostenlos liefert, wie kein Musikverlag Noten an die Schul-

351 AmtlBegr. In: UFITA 96, S. 128
352 a.a.O.
353 BVerfGE 79, 29
354 BVerfGE 79, 29 (42)
355 BVerfGE 79, 29 (43)
356 Ladeur, Anmerkung in: E. Schulze, Rechtsprechung zum Urheberrecht, BVfG 18, S. 20

chöre unentgeltlich verteilt, muß auch der Urheber für seine Musik eine angemessene Teilhabe im Wege des von der Verfassung gebotenen Vergütungsanspruchs erhalten.[357]

Die geltende Regelung des § 52 entspricht, was die Sozial- und Schulveranstaltungen betrifft, weder dem vom Bundesverfassungsgericht Gesagten, noch der vom Bundesgerichtshof vertretenen Abwägung zwischen den Belangen des Urhebers und der Allgemeinheit auf freien Werkzugang.[358]

Das Bundesverfassungsgericht hat zu Recht eine Vergütungspflicht für die Wiedergabe von Musik im Gottesdienst bejaht. Die katholische und die evangelischen Kirchen bezahlen sechsstellige Vergütungsbeträge an die GEMA für ihre Musik im Gottesdienst. Die Träger von Schulen, Einrichtungen der Alten-, Sozial- und Jugendpflege dürfen insoweit nicht besser gestellt werden, weil es schließlich der Staat selbst ist, der als Hüter der Verfassung und damit der in ihr verankerten Eigentumsgarantie, seiner Vorbildfunktion gerecht zu werden hat. Freilich wissen die Urheber seit langem, daß sie sich ihre Rechte letztendlich streitig erkämpfen müssen. Der Weg zur gesetzlichen Vergütungspflicht für die Wiedergabe von Musik im Gottesdienst war ein langer, aber er war erfolgreich. Nur wenn die Urheber ihre grundgesetzlich verbrieften Rechte immer wieder einfordern, wird dem geistigen Eigentum und dem Anspruch unseres Staates, eine Kulturnation zu sein, entsprochen.

---

[357] Fromm/Nordemann/Nordemann 1988, § 52 Rdnr. 8
[358] Krüger-Nieland 1985, S. 182

5.0 Ausblick

Künstlerische Werke und Arbeiten sind wesentlicher Ausdruck des kulturellen Lebens einer Gesellschaft. Sowohl Öffentlichkeit als auch Politik und somit auch Gesetzgebung und Rechtspflege müssen sich daher der kulturellen Tragweite des gesetzlichen Ordnungsrahmens bewußt sein, wenn sie auch in Zukunft die Grundwerte eines auf dem freien Individuum aufbauenden Kulturstaates dauerhaft erhalten wollen. Jenseits aller Förderprogramme im Sinne öffentlicher Subventionierung geht es im Bereich der künstlerisch Schaffenden in erster Linie um – wie Roman Herzog sagt – die Zielrichtung staatlichen Handelns, den Urheberrechtsschutz unter dem Aspekt der gesellschaftlichen Nützlichkeit, im Sinne einer Weiterentwicklung von Kunst und Kultur auszugestalten[359].

Dies vorausgesetzt, können Komponisten, Textdichter und Verleger im richtigen Verstehen des kulturstaatlichen Anspruchs durchaus nachvollziehen, daß der grundgesetzlich garantierte Schutz ihres geistigen Eigentums in bestimmten Fällen eingeschränkt werden kann. Wo ein berechtigtes Interesse der Allgemeinheit besteht, kann es nach den Vorschriften von Art. 14 Abs. 1 S. 2 GG im Wege der Inhalts- und Schrankenbestimmung durch Gesetz modifiziert werden.

Die Beschränkung und Reglementierung der Eigentumsansprüche schöpferischer Menschen kann aber in keinem Fall soweit gehen, daß das Gebot der Verhältnismäßigkeit überschritten wird. Auch wenn die gesetzliche Verpflichtung, die Nutzung urheberrechtlich geschützter Werke zu bestimmten Zwecken und in bestimmten Zusammenhängen genehmigungslos hinzunehmen, in diesen Fällen akzeptiert werden muß, fällt jedoch ein gesetzlich vorgeschriebener Vergütungsverzicht unter einen erheblich strengeren Kontrollmaßstab. Hierbei sind die Ziele, die der Gesetzgeber mit seiner Regelung verfolgt, auf ihre Berechtigung hin zu überprüfen, um schließlich jede Unverhältnismäßigkeit als verfassungswidrig zu beanstanden.[360]

---

[359] Herzog, S. 5
[360] a.a.O., S. 8

Potentielle Eigeninteressen des Staates oder staatlicher Untergliederungen – auch fiskalischer Art – sind zwar in Zeiten leerer öffentlicher Kassen nachvollziehbar, jedoch nicht akzeptabel. Die Urheber als Inhaber geistigen Eigentums dürfen nicht schlechter gestellt werden, als die Inhaber von Sacheigentum.

Diese Grundsätze gelten in besonderer Weise für die Schöpfer kultischer Kirchenmusik, deren angemessene Entlohnung sich als konkrete Verpflichtung von Kirche und Staat darstellt. Die Angemessenheit ist dabei eine doppelte. Zum einen ist sie gerichtet auf das Inkasso, das für die Nutzung der Musik zu fordern und durchzuführen ist. Andererseits geht es auch um die Angemessenheit der Verteilung der Tantiemen.

Bei der Angemessenheit des Inkassos ist zu berücksichtigen, daß kultische Kirchenmusik ihrem Wesen nach in einem Rahmen aufgeführt wird, in dem die musikalische Werkwiedergabe ohne Eintrittsgeld für jedermann zugänglich ist. Wo aber für die Wiedergabe urheberrechtlich geschützter Werke sowohl auf die Geltendmachung von Eintritt als auch auf erwartete Mindestbesucherzahlen verzichtet wird, versagt die Anzahl der Zuhörer als sachlich angemessener Tarifparameter. Das Schweizer Modell, das bei der Höhe der zu entrichtenden Tantiemen auf die Anzahl der „Seelen“ abstellt, ist als Vorbild nicht geeignet. Vielmehr hat sich das Inkasso an Art und Umfang der Nutzung, kurzum an der Aufführungswirklichkeit, zu orientieren.

Die gesamte urheberrechtliche Betrachtung erhält allerdings erst in einer angemessenen Verteilung der inkassierten Vergütungen ihre sinnstiftende Schlüssigkeit. Wie in kaum einer anderen urheberrechtlichen Inkassosparte kommt gerade hier dem Gebot der Angemessenheit der Verteilung eine besondere Bedeutung zu. So verwundert es nicht, daß die katholische und die evangelischen Kirchen bis zur Entscheidung des Bundesverfassungsgerichts maßgeblich an dem Ob und Wie der Verteilung beteiligt waren.

Hintergrund für diese Vorgehensweise war das besondere Interesse der Kirchen an einer Tantiemeausschüttung, die vor allem die Urheber der als kultische Kirchenmusik verstandenen Werke betraf. Abgesehen davon, daß jede urheberrechtlichte Tantiemeverteilung sich naturgemäß an den tatsächlich stattgefundenen Aufführungen zu orientieren hat, waren und sind die Kirchen wie kein anderer Partner der GEMA auch an der Mitwirkung in der Verteilungspraxis interessiert. Gerade in einem Bereich, in dem die Vergütung schlußendlich pauschal verhandelt wird und darüber hinaus das Urheberrechtsgesetz die Wiedergabe kultischer Kirchenmusik im Gottesdienst genehmigungsfrei zuläßt, erfordert die Verteilungspraxis eine besondere Sensibilität. Die in anderen Fällen gegebene Verpflichtung der Musikveranstalter, sich verfahrenstechnisch an Bestimmungen der die Urheber vertretende Verwertungsgesellschaft zu halten, entfällt jedenfalls.

Die Kirchen als Anreger und Nutznießer kultischer Musik sind zunächst in der Pflicht, wenn es um die Angemessenheit des finanziellen Ausgleichs für deren Wiedergabe geht. Darüber hinaus haben die Kirchen für die Musik im liturgischen Rahmen nach ihrem eigenen Selbstverständnis eine viel größere Verantwortung und Verpflichtung als jeder profane Musiknutzer. Die Musik ist nämlich „integrierender Bestandteil der Liturgie.“[361]

Der christliche Glaube kommt gerade im liturgischen Geschehen zum Ausdruck, das sich auch an den Menschen der Gegenwart wendet. Es gehört daher zum Weg der Kirche durch die Zeit, den Glauben in den kulturellen Formen aller Epochen zum Ausdruck zu bringen. Schon vor dem II. Vatikanischen Konzil hatte Pius XII. in seiner liturgischen Enzyklika „Mediator Dei“ 1947 klargestellt: „Man darf aber nicht meinen, daß die Musik unserer Tage und der moderne Gesang vom katholischen Gottesdienst gänzlich auszuschalten seien. Im Gegenteil, befinden sich darin keine Anklänge an Profanes, enthalten sie nichts, was ... unwürdig wäre ..., so müssen ihnen unsere Kirchen ohne weiteres Zutritt gewähren.“[362]

Da also die Musik im liturgischen Rahmen einen so großen Stellenwert besitzt, liegt es – jenseits elementarer, gutbürgerlicher moralischer Verpflichtung – im ureigenen Interesse der Kirche selbst, die Urheber ihrer großen kultischen Musik angemessen zu entlohnen. Wenn die Kirche für Reinigung, Beleuchtung und Unterhalt ihrer Gotteshäuser aufkommt, wenn sie für Kerzen, Blumen, Geräte und Hostien ebenso wie für Pfarrer, Sakristane und Organisten entsprechend zumindest das Notwendige zahlt, so kann für die zur Verfügungstellung musikalischer Werke nichts anderes gelten.

---

361 Overath 1984, S. 709
362 zit. nach Overath 1984, S. 717

Spätestens hier wäre es an der Zeit, die Konsequenzen aus der christlichen Soziallehre auch auf die Urheber anzuwenden, welche die Früchte ihrer Arbeit gesichert wissen möchten. So verstanden ist eine angemessene Vergütung urheberrechtlicher Leistungen auch eine Entlohnung immaterieller Arbeit. In diesem Sinne hat das Bundesverfassungsgericht bereits 1971 klargelegt, daß die Rechte des Urhebers durch *Arbeit und Leistung* erworben zu werden pflegen und daß es nicht angeht, den Menschen um den Ertrag seiner beruflichen Leistung zu bringen.[363]

Ebenso ist es die Aufgabe des Staates, für die Urheber kultischer Musik die gleichen wirtschaftlichen Rahmenbedingungen zu schaffen, wie dies für die Schöpfer profaner Musik gilt. Auch wenn die Eigengesetzlichkeit der Kirchen verfassungsrechtlich gewährleistet ist, kann daraus eine finanzielle Schlechterstellung der Werkschöpfer nicht abgeleitet werden.

Am Beginn des 21. Jahrhunderts sind die rechtlichen Rahmenbedingungen für die Schöpfer musikalischer Werke in einem hervorragenden Zustand. Sie zu erhalten und auszubauen muß Aufgabe und Verpflichtung von Staat und Gesellschaft bleiben.

---

[363] Herzog, S. 5

6.0 Zusammenfassung der wichtigsten Ergebnisse

1. Das Urheberrecht schützt die Autoren in den Bereichen Literatur, Wissenschaft und Kunst. Es ist insoweit Konkretisierung der im Grundgesetz gewährleisteten Eigentumsgarantie i.S.v. Art. 14 GG. Im Gegensatz zum Institut des Sacheigentums wurde das für das Urheberrecht wesentliche geistige Eigentum erst seit der Aufklärung im 18. Jahrhundert entwickelt.

   a) Inhalt und Schranken des geistigen Eigentums sind geprägt von den Bedürfnissen und Interessenlagen der Autoren und der Allgemeinheit im Spannungsfeld von exklusivem Verwertungsrecht einerseits und der Möglichkeit, die geschaffenen Werke unbeschränkt nutzen zu können.

   b) Seit Bestehen eines kodifizierten Urheberrechts zu Beginn des 20. Jahrhunderts in Deutschland hat der Gesetzgeber im LUG die Komponisten verpflichtet, die Aufführung ihrer schöpferischen Leistungen in bestimmten Ausnahmefällen genehmigungs- und vergütungsfrei zu dulden.

2. Die Wiedergabe von urheberrechtlich geschützter Musik im Gottesdienst war ohne Zustimmung des Urhebers und ohne Vergütungszahlung an diesen erlaubt.

   a) Nach dem Ende des zweiten Weltkriegs verstärkten sich Bestrebungen, diese Schrankenregelung aufzuheben. Im Rahmen einer grundsätzlichen Novellierung des Urheberrechts setzten sich die Autoren und Verleger von Kirchenmusik und die sie vertretende Verwertungsgesellschaft GEMA, aber auch die Kirchen in Deutschland für eine Vergütungspflicht ein: vorrangiges Ziel war es, die wirtschaftliche Lage der Kirchenkomponisten zu verbessern.

b) Bereits zu Beginn der fünfziger Jahre des vorigen Jahrhunderts begannen die katholische und die evangelischen Kirchen für die Wiedergabe von Musik im Gottesdienst freiwillige Zahlungen an die Rechteinhaber über die GEMA zu leisten.

c) Beweggrund für diese „praeter legem" geleisteten Zahlungen war auf Seiten der Kirchen die Einsicht, daß das geistige Eigentum als Grundrecht auch im kirchlichen Bereich Geltung haben müsse. Daneben gewann die Überzeugung Raum, daß die für die Liturgie notwendige kultische Musik nur dann geschaffen werden könne, wenn deren Urheber durch die Wiedergabe ihrer Werke wirtschaftlich abgesichert würden.

3. Im Rahmen des Gesetzgebungsverfahren, das zur Schaffung des neuen Urheberrechtsgesetzes 1965 führte, gelang es jedoch nicht, eine Vergütungspflicht für die Wiedergabe von Musik im Gottesdienst einzuführen.

   a) Dies lag zum einen daran, daß die Kirchen und hier insbesondere das Katholische Büro in Bonn, von einer ursprünglich urheberfreundlichen Auffassung abwichen.

   b) Zum anderen befürchtete der Gesetzgeber, daß eine Vergütungspflicht für die Wiedergabe von Musik im Gottesdienst Vorbildfunktion für andere Aufführungen abgeben würde, die bisher vergütungsfrei gestellt waren. Hierbei handelte es sich insbesondere um die Wiedergabe von Werken der Musik bei fehlendem Erwerbszweck des Veranstalters.

4. Im Nachgang zur Reform des Urheberrechts 1965 sahen sich Autoren gezwungen, Verfassungsbeschwerde gegen § 52 Abs. 1 Nr. 2 einzulegen, da sie der Ansicht waren, daß die gesetzliche Ausnahmevorschrift, Musik im Gottesdienst vergütungsfrei wiederzugeben, ihr durch das Grundgesetz garantiertes geistiges Eigentum verletzen würde.

a) Das Bundesverfassungsgericht bestätigte mit der Entscheidung vom 25.10.1978 die Auffassung der Autoren nur insoweit, als es die vergütungsfreie Wiedergabe für verfassungswidrig erklärte. Die Bestimmung, daß die Kirchen die Musik im Gottesdienst genehmigungsfrei nutzen dürften, sah das Gericht als mit dem Grundgesetz konform an.

b) Im dadurch notwendigen Gesetzgebungsverfahren zur Änderung der verfassungswidrigen Vorschrift gelang es, die Vergütungspflicht umfassend zu normieren.

5. Bei seiner Entscheidung hatte das Bundesverfassungsgericht zu berücksichtigen, daß den Kirchen in Deutschland durch das Grundgesetz bei der Regelung ihrer eigenen Angelegenheiten ein Autonomiestatus gewährt wurde.

a) Die Regelung der Gottesdienstordnung zählt sowohl bei der katholischen, als auch bei den evangelischen Kirchen zu deren eigenen Angelegenheiten.

b) Daneben ist der besondere Status der kultischen Kirchenmusik im liturgischen Rahmen zu berücksichtigen, der in bestimmten Fällen eine Aufführung im urheberrechtlichen Sinne ausschließt.

c) Dennoch sah das Gericht die wirtschaftlichen und rechtlichen Ansprüche der Rechteinhaber durch das grundgesetzlich gewährte Eigentumsrecht als vorrangig an.

6. Die Vergütungspflicht kultischer Kirchenmusik in Deutschland hat daher eine besondere Vorbildfunktion für die urheberrechtliche Beurteilung aller anderen durch das Urheberrechtsgesetz privilegierten Nutzungen.

a) Wenn es verfassungsrechtlich geboten ist, daß die Kirchen für die Wiedergabe von Musik im Gottesdienst Vergütungen an die Rechteinhaber zu bezahlen haben, muß dies wohl auch für die derzeit noch freigestellten sozialen, staatlichen Bereiche gelten.

b) Die Vergütungsfreiheit für Veranstaltungen der Jugendhilfe, der Sozialhilfe, der Alten- und Wohlfahrtspflege, der Gefangenenbetreuung sowie für Schulveranstaltungen läßt sich unter diesem Vergleichsmaßstab nicht rechtfertigen.

7. Die angemessene Entlohnung der Komponisten kultischer Kirchenmusik bleibt Aufgabe von Staat und Kirche.

Literaturverzeichnis

Kirchliche Quellen

Pius X., Motu Proprio *Tra le sollicitudini*, 21./22.11.1903: AAS 36 (1903/1904) 329-333.

Benedikt XV., *Codex Iuris Canonici*, 27.5.1917: AAS 9 (1917) 11-456.

Pius XII., Enzyklika *Mediator Dei*, 20.11.1947: AAS 39 (1947) 521-595.

Pius XII., Enzyklika *Musicae sacrae disciplina*, 25.12.1955: AAS 48 (1956) 5-25.

Johannes Paul II., *Codex Iuris Canonici*, 25.1.1983: AAS 75 (1983) 1-324.

II. Vatikanisches Konzil, Liturgiekonstitution *Sacrosanctum Concilium*, 4.12.1963: AAS 56 (1964) 97-138.

Konzilskongregation, Instruktion *Circa l'esecuzione della musica sacra nelle chiese*, 25.2.1932: AAS 24 (1932) 72 f.

Heiliges Offizium, Instruktion *De arte sacra*, 30.6.1952: AAS 44 (1952) 542-546.

Ritenkongregation, Instruktion *De musica sacra et sacra liturgia*, 15.10.1958: AAS 50 (1958) 630-663.

Ritenkongregation, Instruktion *Sacra congregatio rituum instructio de musica sacra liturgia*, 5.3.1967. In: Musica Sacra, Sonderheft 4/1967.

Codex des kanonischen Rechtes. Lateinisch-deutsche Ausgabe, Rom und Kevelaer 1983.

Vertrag mit der GEMA, Nr. 108 11/1953. In: Amtsblatt des Bistums Limburg, S. 47.

Katholische Nachrichten-Agentur, Kirche zahlt an die GEMA eine Million Mark. In: KNA 157/11.7.1986.

Sonstige Quellen

Grundgesetz der Bundesrepublik Deutschland v. 23.5.1949 (BGBl. I, 1), zuletzt geändert durch Änderungsgesetz v. 26.7.2002 (BGBl. I, 2863).

Gesetz über Urheberrecht und verwandte Schutzrechte (Urheberrechtsgesetz) v. 9.9.1965 (BGBl. I, 1273), zuletzt geändert durch Gesetz zur Regelung des Urheberrechts in der Informationsgesellschaft v. 10.9.2003 (BGBl. I, 1774).

Gesetz über die Wahrnehmung von Urheberrechten und verwandten Schutzrechten (Urheberrechtswahrnehmungsgesetz) v. 9.9.1965 (BGBl. I, 1294), zuletzt geändert durch Achte Zuständigkeitsanpassungsverordnung v. 25.11.2003 (BGBl. I, 2304).

Bundesverfassungsgericht, Beschluß v. 7.7.1971 über den verfassungswidrigen Ausschluß des Vergütungsanspruchs bei der Aufnahme geschützter Werke in Sammlungen für den Kirchen-, Schul- oder Unterrichtsgebrauch (1 BvR 765/66) BVerfGE 31, 229; NJW 71, 2163 ff.; E. Schulze, BVfG 8.

Bundesverfassungsgericht, Beschluß v. 7.7.1971 über den verfassungswidrigen Ausschluß des Vergütungsanspruchs bei Schulfunksendungen (1 BvR 276/71) BVerfGE 31, 270; NJW 71, 2169 ff.; E. Schulze, BVfG 9.

Bundesverfassungsgericht, Beschluß v. 25.10.1978 über den verfassungswidrigen Ausschluß des Vergütungsanspruchs bei Kirchenmusik (1 BvR 352/71) BVerfGE 49, 382; NJW 79, 2029 ff.; E. Schulze, BVfG 18.

Bundesverfassungsgericht, Beschluß v. 11.10.1988 über den verfassungswidrigen Ausschluß des Vergütungsanspruchs bei Wiedergabe in Vollzugsanstalten (1 BvR 743/86) BVerfGE 79, 29; GRUR 89, 193 ff.; E. Schulze, BVfG 28.

Sekundärliteratur

Allefeld, Ph., Das Urheberrecht an Werken der Literatur und der Tonkunst, 2. A., München 1928.

Antwort finden, Evangelisches Gesangbuch, Ausgabe für die Evangelisch-Lutherischen Kirchen in Bayern und Thüringen, o. J.

Badura, P., Zur Lehre von der verfassungsrechtlichen Institutsgarantie des Eigentums, betrachtet am Beispiel des „geistigen Eigentums". In: Film und Recht 1984, S. 552 ff.

Blankenburg, W., Art. *Kirchenmusik.* In: Riemann Musiklexikon, Mainz 1967.

Blankenburg, W., Offizielle und inoffizielle liturgische Bestrebungen in der evangelischen Kirche Deutschlands. In: E. Hübner (Hrsg.), Kirche und Musik. Walter Blankenburg, Gesammelte Aufsätze zur Geschichte der gottesdienstlichen Musik zu seinem 85. Geburtstag, Göttingen 1979.

Blankenburg, W., Evangelische Theologie und Kirchenmusik. In: Kirchenmusikalische Mitteilungen 44, Rottenburg-Stuttgart 1981, S. 3 ff.

Blarr, O. G., Der fromme Gesang ist tantiemenpflichtig. Praktische Folgen des Urteils des Bundesverfassungsgerichts. In: nmz 3/1979, S. 1 ff.

Bornkamm, J., Ungeschriebene Schranken des Urheberrechts? Anmerkungen zum Rechtsstreit Botho Strauß / Theater Heute. In: W. Erdmann, W. Glogy, R. Herber (Hrsg.), Festschrift für Henning Piper, München 1996, S. 641 ff.

Bretschneider, W., Art. *Kirchenmusik, Begriff.* In: LThK, 3. A., 1997, Sp. 28.

Brunner, P., Singen und Sagen, Geistliche Grundlagen des Kirchengesangs. In: Musik und Kirche 1965, S. 1 ff.

Caldwell, J., Art. *Elevation.* In: The New Grove Dictionary of Music and Musicians, 1. A., London 1980.

Campenhausen, A. Frhr. v., Staatskirchenrecht, 3. A., 1996.

Chakraborty, M., Das Rechtsinstitut der freien Benutzung im Urheberrecht, Baden Baden 1997.

De Boor, H. O., Urheber- und Verlagsrecht. Ein Beitrag zur Theorie der ausschließlichen Rechte, Stuttgart 1917.

De Boor, H. O., Zur Sozialbindung im Urheberrecht. In: UFITA 7, S. 361 ff.

Decken-Eckardt, Ch.-M., Urheberrecht und Schule. Hinweise zu urheberrechtlichen Fragen bei Funksendungen, Kopien, Lizenzverträgen, Software und Schulaufführungen. In: Niedersächsisches Schulverwaltungsblatt (SVBl) 8/1989, S. 196 ff.

Die Musik in Geschichte und Gegenwart. Allgemeine Enzyklopädie der Musik (MGG), 1. A., hrsg. v. F. Blume, Kassel 1949-1986; 2. A., hrsg. v. L. Finscher, Kassel/Stuttgart 1994 ff.

Egk, W., Der Komponist und sein Werk. In: J. Overath, (Hrsg.), Confitemini Domino. Internationales Komponisten-Symposion in Bozen. Rom 1977, S. 18 ff.

Ellins, J., Copyright Law, Urheberrecht und ihre Harmonisierung in der Europäischen Gemeinschaft. Von den Anfängen bis ins Informationszeitalter, Berlin 1997.

Elster, A., Der Schutz des Geisteswerkes als Ausgleich zwischen Urheber und Allgemeinheit. In: UFITA 4, S. 215 ff.

Ermecke, G., Die soziale Bedeutung des geistigen Eigentums. In: Schriftenreihe der INTERGU 30, Berlin 1963.

Ermecke, G., Die Verantwortung von Staat und Gesellschaft für das geistige Schöpfertum. In: Schrifteinreihe INTERGU 2, Berlin 1956, S. 17 ff.

Ermecke, G., *Eigentum, geistiges*. In: LThK, 2. A., Freiburg 1957, Sp. 742.

Ermecke, G., Staatliche Enteignungsmaßnahmen im Lichte des christlichen Naturrechtes. In: ThGl 39, S. 196 ff.

Ermecke, G., Zum Schutz des geistigen Eigentums. In: W. Richartz (Hrsg.), Urheberrechtsreform – ein Gebot der Gerechtigkeit, Berlin 1954, S. 15 ff.

Evangelisches Staatslexikon (EvStL), 2. A., hrsg. v. H. Kunst, R. Herzog, W. Schneemelcher, K. Schlaich, Stuttgart 1975; 3. A., hrsg. v. H. Kunst, R. Herzog, W. Schneemelcher, K. Schlaich, Stuttgart 1987.

Fellerer, K. G. (Hrsg.), Geschichte der katholischen Kirchenmusik, Kassel Bd. 1 1972, Bd. 2 1976.

Fellerer, K. G., Art. *Kirchenmusik*. In: LThK, 2. A., Freiburg 1957, Sp. 233.

Gamber, K., Gemeinsames Erbe. Liturgische Neubestimmung aus dem Geist der frühen Kirche, Regensburg 1980.

Gamm, O. F. v., Urheberrechtsgesetz, München 1968.

Gieseke, L., Die geschichtliche Entwicklung des deutschen Urheberrechtes, Göttingen 1957.

Goldbaum, W., Urheberrecht und Urhebervertragsrecht, 3. A., Baden-Baden 1961.

Gotteslob, Katholisches Gebet- und Gesangbuch, hrsg. v. den Bischöfen Deutschlands und Österreichs und der Bistümer Bozen-Brixen und Lüttich, Stuttgart 1975.

Gruber, G., Die geistliche Musik. In: Fellerer 1972-1976, S. 133 ff.

GRUR-Redaktion, Kommentar zum Beschluß des Bundesverfassungsgerichts vom 11.10.1988 – BvR 743/86 – „Vollzugsanstalten", GRUR 1989, S. 193 ff.

Günther, K., Die Urheberrechtsnovelle 1985. In: Zeitschrift für das gesamte Medienrecht (AfP), 1986, S. 19 ff.

Guntz, D., Urheberrecht. In: C. Creifelds u. H. Kauffmann (Hrsg.), Rechtswörterbuch, 11. A., München 1992, S. 1216 f.

Haas, J., Gedanken zum deutschen kirchenmusikalischen Kunstschaffen. In: Musik und Dichtung, München 1961, S. 81 f.

Haberl, F., Das Motuproprio des Papstes Pius X. In: Fellerer 1972-1976, S. 284 ff.

Haberl, F., Wesen und Gestalten der christlichen Kultmusik. In: Fellerer 1972-1976, S. 8 ff.

Handbuch des Staatskirchenrechts (HbStKirchR), 1. A., hrsg. v. E. Friesenhahn u. U. Scheuner, Berlin 1974 f.; 2. A., hrsg. v. J. Listl u. D. Pirson, Berlin 1994.

Harke, D., Urheberrecht: Fragen und Antworten, Köln 1997.

Heckel, M., Art. *Rechtstheologie Luthers*. In: EvStL, 3. A., Sp. 2818 ff.

Heckel, M., Art. *Reformation, rechtsgeschichtlich*. In: EvStL, 3. A., Sp. 2897 ff.

Herzog, R., Ansprache zur Würdigung des Wirkens von Professor Dr. jur. h.c. Erich Schulze für den Schutz des geistigen Eigentums in vier Jahrzehnten. In: Festakt v. 10.11.1989, Cuvilliéstheater München. In: INTERGU, broschierte Sonderausgabe, München 1989.

Hesse, K., Das Selbstbestimmungsrecht der Kirchen und Religionsgemeinschaften. In : HbStKirchR, 2. A., Berlin 1994, S. 521 ff.

Higginbottom, E., Art. *Alternatim*. In: The New Grove Dictionary of Music and Musicians, 2. A., London 2001, S. 426.

Hilber, J. B., Was ist katholische Kirchenmusik? In: J. Overath (Hrsg.), Musica Sacra als Lebensinhalt. Eine Auswahl von Aufsätzen und Vorträgen von Johann Baptist Hilber, Bonn 1971, S. 12 ff.

Hirsch Ballin, E., Urheberrecht am Scheideweg: Vorträge zum Urheberrecht anläßlich des IV. Internationalen Kongresses für Kirchenmusik Köln, Juni 1961. In: Schriftenreihe der INTERGU 25, S. 14 ff.

Hoeren, Th., Die Reichweite gesetzlicher Schranken und Lizenzen. In: M. Lehmann (Hrsg.), Internet- und Multimediarecht (Cyberlaw), Stuttgart 1997, S. 95.

Homma, B., Ullrich, H., Urheber-, Patent- und Arbeitnehmerfindungsrecht. In: C. Fläming u. a. (Hrsg.), Handbuch des Wissenschaftsrechts, 2. A., Berlin 1996, S. 1559 ff.

Hubmann, H., Rehbinder, M., Urheber- und Verlagsrecht. Ein Studienbuch, 8. A., München 1995; 10. A., München 1998.

Hubmann, H., Das neue Urheberrecht. In: NJW 1965, S. 2129 ff.

Hubmann, H., Das Recht des schöpferischen Geistes, Berlin 1954.

Hubmann, H., Das geistige Eigentum des Urhebers unter besonderer Berücksichtigung der Rechtsprechung des Bundesverfassungsgerichts. In: G. Krems (Hrsg.), Veröffentlichungen der Akademie Schwerte, Schwerte 1986, S. 30 ff.

Hubmann, H., Die Auswirkungen der Rechtsprechung des Bundesverfassungsgerichts auf die Benutzung urheberrechtlich geschützter Werke bei kirchlichen Veranstaltungen. In: J. Overath (Hrsg.), Kult und Urheberrecht. Altötting 1980, S. 13 ff.

Hubmann, H., Die Idee vom geistigen Eigentum. Die Rechtsprechung des Bundesverfassungsgerichts und die Urheberrechtsnovelle von 1985. In: ZUM 1988, S. 4 ff.

Hubmann, H., Fragen der Urheberrechtsreform. In: StdZ 1962/1963, S. 200 ff.

Hughes, Dom A., Music in Fixed Rhythm. In: The New Oxford History of Music, Art. *Early Medieval Music up to 1300*, S. 331 ff.

Jungmann, J. A., „Missarum Sollemnia". Eine genetische Erklärung der römischen Messe, Wien 1949, S. 248 ff.

Jurina, J., Der Rechtsstatus der Kirchen und Religionsgemeinschaften im Bereich ihrer eigenen Angelegenheiten, Berlin 1972.

Kirchhof, P., Die Kirchen und Religionsgemeinschaften als Körperschaften des öffentlichen Rechts. In: HbStKirchR , 2. A., S. 651 ff.

Kopsch, H., Die soziale Bindung im Urheberrecht. In: Archiv für Funkrecht 1928, S. 201 ff.

Kreile, R., Die Sozialbindung des geistigen Eigentums. Ein Beitrag zur Lehre über die Schranken des Urheberrechts vor dem Hintergrund der Entscheidung des BGH „Altenwohnheim II". In: P. Badura u. R. Scholz (Hrsg.), Wege und Verfahren des Verfassungslebens. Festschrift für Peter Lerche, München 1993, S. 251 ff.

Kröber, C., Die liturgisch-musikalischen Meisterwerke und die Vergütung für Komponisten in Europa. In: Musicae Sacrae Ministerium, Zeitschrift der CIMS, 2000/2001, S. 66 ff.

Krüger-Nieland, G., Der Urheberrechtsschutz im Spannungsfeld der Eigentumsgarantie der Verfassung. In: W. Jagenburg, G. Maier-Reimer, Th. Verhoeven (Hrsg.), Festschrift für Walter Oppenhoff zum 80. Geburtstag, München 1985, S. 173 ff.

Kummer, M., Das urheberrechtlich schützbare Werk, Bern 1968.

Landau, H., Urheberrecht im Medienzeitalter. Zum gegenwärtigen Stand der deutschen Urheberrechtsgesetzgebung. In: Katholische Akademie Schwerte (Hrsg.), Urheberrecht für das Medienzeitalter (Akademievorträge, Bd. 27), Schwerte 1986, S. 7 ff.

Lehmann, H., Die Neuordnung der Güterwelt nach ihrem wahren Lebenswert. In: W. Richartz (Hrsg.), Urheberrechtsreform – ein Gebot der Gerechtigkeit, Berlin 1954, S. 7 ff.

Lehmann, H., Einleitung: Vorträge zum Urheberrecht anläßlich des IV. Internationalen Kongresses für Kirchenmusik in Köln, Juni 1961. In: Schriftenreihe der INTERGU 25, Berlin 1962, S. 6 ff.

Lehmann, H., Über das Wesen des Urheberrechts. In: Schriftenreihe der INTERGU 2, Berlin 1956.

Lemacher, H., Art. *Geistliche Musik.* In: LThK, 2. A., Freiburg 1957, Sp. 623 ff.

Lerche, P., Fragen sozialbindender Begrenzungen urheberrechtlicher Positionen. In: A. Scheuermann u. A. Strittmatter (Hrsg.), Urheberrechtliche Probleme der Gegenwart. Festschrift für Ernst Reichardt, Baden-Baden 1990, S. 101.

Lexikon für Theologie und Kirche (LThK), begr. v. M. Buchberger; 2. A., hrsg. v. J. Höfer und K. Rahner, Freiburg 1957-1968; 3. A. hrsg. v. W. Kaspar und anderen, Freiburg 1993-2001.

Lueger, W., Art. *Kirchenlied.* In: LThK, 2. A., Sp. 231 ff.

Marbach, C., Carmina Scripturarum, Straßburg 1907, Nachdruck: Hildesheim 1994, S. 84*.

Maunz, Th., Das geistige Eigentum in verfassungsrechtlicher Sicht. In: GRUR 1973, S. 107 ff.

Melichar, F., Zur Sozialbindung der Urheberrechts. In: J. Adrian, W. Nordemann, A.-A. Wandtke (Hrsg.), Josef Kohler und der Schutz des geistigen Eigentums in Europa, Berlin 1996, S. 101 ff.

Melichar, F., Urheberrecht in Theorie und Praxis. Beiträge zum Urheberrecht 1975-1998, Tübingen 1999.

Mestmäcker, E. J. / Schulze, E., Urheberrechts-Kommentar, Bd. 1-3, Loseblattsammlung, München 1965 ff.

Möller, M., Novellierung des Urheberrechtsgesetzes. Anmerkungen zum Regierungsentwurf. In: Film und Recht, Zeitschrift für Urheber- und Medienrecht 5/1983, S. 240 ff.

Müller, L., Art. *Kirchenmusik, Kirchenrechtliche Bestimmungen.* In: LThK, 3. A., Sp. 30f.

Musik und Dichtung. Organ für die Rechte der Urheber in aller Welt. Zeitschrift für das geistige Eigentum, München 1954 f.

Nellen, P., Zur Reform des Urheberrechts in internationaler Sicht. In: GEMA-Nachrichten, 37/1958, S. 8 ff.

Nordemann, W., Die Urheberrechtsreform 1985. In: GRUR 1985, S. 837 ff.

Nordemann, W., Vink, K., Hertin, P. W. (Hrsg.), Urheberrecht. Kommentar zum Urheberrechtsgesetz und zum Urheberrechtswahrnehmungsgesetz. Mit den Texten der Urheberrechtsgesetze Österreichs und der Schweiz, 7. A., Stuttgart 1988; 9. A., Stuttgart 1998.

Nordemann, W., Das Recht der Bearbeitung gemeinfreier Werke. In: GRUR 1964, S. 117 ff.

Oremus, hrsg. v. Bischöflichen Generalvikariat Aachen, Aachen 1969.

Overath, J., Kirchenmusik und Urheberrecht In: J. Overrath (Hrsg.), Der allgemeine Cäcilien-Verband für die Länder der deutschen Sprache. Gestalt und Aufgabe, Köln 1961, S. 122 ff.

Overath, J., Anmerkungen zur Theologie der Liturgie und ihrer Musik nach der Konstitution über die hl. Liturgie von 1963. In: Musicae Sacrae Ministerium 26/27, S. 32 ff.

Overath, J., Urheberrechtsreform und Kirchenmusik. In: Österreichische Autorenzeitung 1968, S. 5 ff.

Overath, J., Bestimmungen der Konzilskonstitution. In: Fellerer 1972-1976, S. 381 ff.

Overath, J., Gedanken zum geistigen Schöpfertum ad maiorem Dei gloriam. In: J. Overath u. A. Geck-Böttger (Hrsg.), Te Decet Hymnus. Festgabe für Max Baumann zur Vollendung des 75. Lebensjahres, St. Augustin 1992, S. 9 ff.

Overath, J., Gottesdienstliche Musik als geistiges Eigentum. In: J. Becker, P. Lerche, E.-J. Mestmäcker (Hrsg.), Wanderer zwischen Musik, Politik und Recht. Festschrift für Reinhold Kreile zu seinem 65. Geburtstag, Baden-Baden 1994, S. 483 ff.

Overath, J., Liturgie und Kirchenmusik im Sinne der Konstitution des II. Vatikanischen Konzils über die hl. Liturgie. In: Musica Sacra 84, S. 192 ff.

Overath, J., Musik als geistiges Eigentum. In: W. Richartz (Hrsg.), Urheberrechtsreform – ein Gebot der Gerechtigkeit, Berlin 1954, S. 31 ff.

Overath, J., Art. *Liturgische Musik.* In: LThK, 2. A., Freiburg 1957, Sp. 1103.

Overath, J., Erich Schulze und das geistige Eigentum. In: D. Meurer (Hrsg.), Festgabe zum 85. Geburtstag von Erich Schulze, Ehrenpräsident der GEMA, Marburg 1999, S. 33 ff.

Rahner, K., Vorgrimler, H., Kleines Konzils-Kompendium, Freiburg 1968.

Rehbinder, M., Die Beschränkungen des Urheberrechts zugunsten der Allgemeinheit in der Berner Übereinkunft. In: Schweizerische Vereinigung für Urheberrecht (Hrsg.), Die Berner Übereinkunft und die Schweiz. Schweizerische Festschrift zum einhundertjährigen Bestehen der Berner Übereinkunft zum Schutze von Werken der Literatur und Kunst, Bern 1986, S. 357 ff.

Reischl, G., Grundfragen des neuen Urheberrechts. In: UFITA 45/1965-I, S. 1 ff.

Richartz, W., Betrachtungen zur Urheberrechtsreform, Berlin 1963.

Ridder, H., Der Grundrechtsschutz des Eigentums, seine Grenzen und Beschränkungen im öffentlichen Interesse. In: Rechtsstaat in der Bewährung. Publikationen der Österreichischen Juristenkommission, Österreichische Sektion der Internationalen Juristen-Kommission, Bd. 4, Heidelberg/Karlsruhe 1977, S. 39 ff.

Ridder, H., Anmerkungen zum Wortlaut der Entscheidung des Bundesverfassungsgerichts vom 25.10.1978 „Kirchenmusik". In: E. Schulze (Hrsg.), Rechtsprechung zum Urheberrecht, Entscheidungssammlung, BVfG 18, München 1979, S. 25 ff.

Riemann Musiklexikon, hrsg. v. W. Gurlitt u. H.H. Eggebrecht, Mainz 1967

Riezler, E., Deutsches Urheber- und Erfinderrecht, München 1909.

Rintelen, M., Der Rechtsschutz für das geistige Schaffen. Ein geschichtlicher Überblick, Graz 1931.

Rojahn, S., Zur Frage der Vergütungspflicht der Kirchen für Gemeinde- bzw. Volksgesang in gottesdienstlichen Veranstaltungen. In: G. Herbst (Hrsg.), Festschrift für Rainer Klaka, SGRUM 1987, S. 146 ff.

Runge, K., Urheber- und Verlagsrecht, Bonn 1948.

Schack, H., Urheber- und Urhebervertragsrecht, 1. A., Tübingen 1997, 2. A., Tübingen 2001.

Schambeck, H. (Hrsg.), Pro Fide et Iustitia. Festschrift für Agostino Kardinal Casaroli zum 70. Geburtstag, Berlin 1984.

Schmitt, Abt A., Kirchenmusikalische Gesetzgebung. Die Erlasse Pius X., Pius XI. und Pius XII. über Liturgie und Kirchenmusik, Regensburg 1956.

Schramm, C., Die schöpferische Leistung, Berlin 1957.

Schricker, G. (Hrsg.), Urheberrecht. Kommentar, 1. A., München 1987; 2. A., München 1999

Schulz, W., Das staatliche Urheberrecht und seine Bedeutung im kirchlichen Bereich, dargestellt anhand des § 52 UrhG. In: Katholische Akademie Schwerte (Hrsg.), Urheberrecht für das Medienzeitalter (Akademie vorträge, Bd. 27) Schwerte 1986, 105 ff.; Wiederabdruck: Der Schutz des geistigen Eigentums in den Schriften von Winfried Schulz, Frankfurt/ Main 1997, S. 79 ff.

Schulz, W., Das Urheberrecht an liturgischen Texten und Melodien. In: H. Lonnendonker (Hrsg.), In Caritate et veritate. Festschrift für Johannes Overath zur Vollendung des 60. Lebensjahres. Schriftenreihe des Allgemeinen Cäcilien-Verbandes für die Länder der deutschen Sprache, Bd. 8 1973, S. 107 ff.; Wiederabdruck: Der Schutz des geistigen Eigentums in den Schriften von Winfried Schulz, Frankfurt/Main 1997, S. 111 ff.

Schulz, W., Das Urheberrecht in der Kirche im Hinblick auf die Reform des Codex Iuris Canonici. In: Jahrbuch der INTERGU, Wien 1975, 175 ff.; Wiederabdruck: Der Schutz des geistigen Eigentums in den Schriften von Winfried Schulz, Frankfurt/Main 1997, S. 135 ff.

Schulz, W., Der Schutz des geistigen Eigentums in der Gesetzgebung des Vatikanstaates. In: G. Ress. (Hrsg.), Intellectual Property Rights and EG-Law. Droits intellectuels et droit communautaire. Wissenschaftliches Kolloquium anläßlich des 70. Geburtstags von Gerhard Reischl, Baden-Baden 1989, S. 119 ff.; Wiederabdruck: Der Schutz des geistigen Eigentums in den Schriften von Winfried Schulz, Frankfurt/Main 1997, S. 161 ff.

Schulz, W., Die Eigengesetzlichkeit beim Urheberrechtsschutz kultischer Musik. In: J. Overath (Hrsg.), Kult und Urheberrecht. Altötting 1980, S. 21 ff.; Wiederabdruck: Der Schutz des geistigen Eigentums in den Schriften von Winfried Schulz, Frankfurt/Main 1997, S. 29 ff.

Schulz, W., Die rechtliche Schutzwürdigkeit des sogenannten modernen Musikwerkes. In: J. Overath (Hrsg.), Confitemini Domino. Internationales Komponisten-Symposion in Bozen. Rom 1977, 153 ff.; Wiederabdruck: Der Schutz des geistigen Eigentums in den Schriften von Winfried Schulz, Frankfurt/Main 1997, S. 179 ff.

Schulz, W., Art. *Eigentum, geistiges*. In: LThK, 3. A., Freiburg 1993, S. 535.

Schulz, W., Kirchenamtliche Äußerungen zu Stellung und Funktion der Orgelmusik in der katholischen Kirche: H.-H. Eggebrecht (Hrsg.), Die Orgel im Dienst der Kirche, Murrhardt 1985, S. 57 ff.

Schulz, W., Kirchenmusik und Urheberrechtsschutz in der Bundesrepublik Deutschland. Ein Beitrag zur Neuordnung des Urheberrechts an kultischer Musik. In: Musicae Sacrae Ministerium 2/1979, S. 30 ff.

Schulz, W., La protezione del diritto d'autore nella musica sacra in una recente sentenze della Corte costituzionale della Germania Federale. In: O. Fumagalli Carulli (Hrsg.), Diritto, persona e vita sociale. Scritti in memoria di Orio Giacchi, Bd. 2. (Pubblicazioni della Università Cattolica, Milano) Mailand 1984, 372 ff.; Wiederabdruck: Der Schutz des geistigen Eigentums in den Schriften von Winfried Schulz, Frankfurt/Main 1997, S. 67 ff.

Schulz, W., Le droit d'auteur sur les textes liturgiques et les mélodies. In: Musicae Sacrae Ministerium 15/1978, S. 19 ff.

Schulz, W., Schadet der umfangreiche Urheberschutz in der Bundesrepublik Deutschland der zeitgenössischen Kirchenmusik? In: Kirchenmusikalische Mitteilungen, hrsg. vom Amt für Kirchenmusik der Diözese Rottenburg-Stuttgart, Rottenburg 44/1980, S. 20 ff.; Wiederabdruck: Der Schutz des geistigen Eigentums in den Schriften von Winfried Schulz, Frankfurt/Main 1997, S. 49 ff.

Schulz, W., Sul diritto di autore per i compositori di musica liturgica. In: Rivista di Musica Sacra 72 (1977) 327-330; Wiederabdruck: Musicae Sacrae Ministerium 15/1978, S. 13-18; Wiederabdruck: Der Schutz des geistigen Eigentums in den Schriften von Winfried Schulz, Frankfurt/Main 1997, S. 175 ff.

Schulz, W., Zum Schutz des geistigen Eigentums im System des kanonischen Rechts. Eine rechtsvergleichende Untersuchung zum Problemkreis des Urheberrechtes und seiner Aufgabe und Bedeutung im kanonischen Recht. In: Schriftenreihe der INTERGU 49, München 1973.

Schulz, W., Zum Urheberrecht im System des kanonischen Rechts: Symposion der Consociatio Internationalis Musicae Sacrae vom 14. bis 16. April 1971 in Salzburg. In: Schriftenreihe der INTERGU, Bd. 47, München 1971, S. 9 ff; Wiederabdruck: Musicae Sacrae Ministerium 8/1971, S. 3 ff.; Wiederabdruck: Der Schutz des geistigen Eigentums in den Schriften von Winfried Schulz, Frankfurt/Main 1997, S. 101 ff.

Schulze, E., Musik und Recht. Das Honorar des Komponisten. Mit den Texten der Urheberrechtsgesetze, des Akademie-Entwurfs zur Urheberrechtsreform, der Berner Konvention nebst Verzeichnissen ihrer Mitgliedstaaten, des Welturheberrechtsabkommens und den anderen einschlägigen Texten, München/Berlin 1954 [E. Schulze - 1].

Schulze, E., Recht und Unrecht. Eine Studie zur Urheberrechtsreform. Mit einer vergleichenden Darstellung der Textentwürfe (einschließlich des durch das Bundesjustizministerium veröffentlichten Referentenentwurfs) für ein neues deutsches Urheberrechtsgesetz und der Texte der geltenden deutschen Urheberrechtsgesetze, ergänzt durch eigene Vorschläge des Verfassers, München/Berlin 1954 [E. Schulze - 2].

Schulze, E. (Hrsg.), Rechtsprechung zum Urheberrecht. Entscheidungssammlung, München 1954 ff.

Schulze, E., Das Urheberrecht in der Musik und die deutsche Urheberrechtsgesellschaft, 2. A., Berlin 1956.

Schulze, E., Das Urheberrecht in der Musik, 5. A., Berlin 1981.

Schulze, E., Die GEMA beansprucht für gottesdienstliche Musik 4 Pfennig je Gemeindemitglied und Kalenderjahr. Konsequenz aus dem Grundsatzurteil des Bundesverfassungsgerichtshofes in Karlsruhe. In: Musik und Kirche, 2. A., Kassel 1980, S. 100 ff.

Schulze, E., Kirchenkomponisten und Urheberrecht. In: H. Lonnendonker (Hrsg.), In Caritate et veritate. Festschrift für Johannes Overath zur Vollendung des 60. Lebensjahres. In: Schriftenreihe des Allgemeinen Cäcilien-Verbandes für die Länder der deutschen Sprache, Regensburg 1973, S. 92 ff.

Schulze, E., Kirchenmusik und Urheberrecht. In: Schriftenreihe des Allgemeinen Cäcilien-Verbandes für die Länder der deutschen Sprache, Regensburg 1962, S. 102 ff.

Schulze, E., Beispiel Schweiz: Vier Rappen pro Seele. In: nmz 3/1970.

Schulze, E., Kulturabgabe und Kulturfonds, Berlin 1959.

Schulze, E., Länderberichte über Musik im Gottesdienst. In: Schriftenreihe der INTERGU 47, S. 19 ff.

Schulze, E., Schutz des geistigen Eigentums im kirchlichen Bereich. In: J. Overath (Hrsg.), Christus in Ecclesia Cantat. VIII. Conventus internationalis Musicae Sacrae Romae anno Musicae Europaeo 1985, Rom 1986, S. 272 ff.

Schulze, E., Warum haben die Komponisten Zuflucht genommen zur Verfassungsbeschwerde gegen Paragraph 52 des Gesetzes über Urheberrecht und verwandte Schutzrechte? In: J. Overath (Hrsg.), Kult und Urheberrecht, Altötting 1980, S. 9 ff.

Schulze, M., Materialien zum Urheberrechtsgesetz. Texte – Begriffe – Begründungen, 2. A., Weinheim 1997.

Schumpeter, J. A., Kapitalismus, Sozialismus und Demokratie, 7. A., Tübingen 1993.

Söhngen, O., Theologie der Musik, Kassel 1967.

Söllner, A., Zum verfassungsrechtlichen Schutz geistigen Eigentums. In: U. Loewenheim u. Th. Raiser (Hrsg.), Festschrift für Fritz Traub, Frankfurt/Main 1994, S. 367 ff.

Steinschulte, G. M., Klanggestalt oder Verwendungsort? – Zur Problematik der urheberrechtlichen Verwertung von Musik im Gottesdienst. In: J. Overath (Hrsg.), Kult und Urheberrecht, Altötting 1980, S. 41 ff.

Steinschulte, G. M., Zur Kirchenmusik in der multimedialen Epoche. In: Osservatore Romano (dt.) 26/1996/ Nr. 32/33, S. 10 f. u. 15 f.

Suppan, W., Das geistliche Lied in der Landessprache. In: Fellerer 1972-1976, S. 354 ff.

The New Grove Dictionary of Music and Musicians, 1. A., hrsg. v. S. Sadie, London 1980; 2. A., hrsg. v. S. Sadie, London 2001.

The New Oxford History of Music, London/New-York 1954-2001.

Trocchi, V., Diritti e doveri degli autori alla luce dell'Enciclica "Mater et Magistra". In: IDA 32/1961, S. 329 ff.

Ulmer, E., Deutsche und französische Urheberrechtsreform. In: JZ 1955, S. 501 ff.

Ulmer, E., Die Immaterialgüterrechte im internationalen Privatrecht, Berlin 1975.

Ulmer, E., Rezension zu Schulz, Zum Schutz des geistigen Eigentums im System des kanonischen Rechts. In: AfkKR 1977, S. 688 ff.

Ulmer, E., Urheber- und Verlagsrecht, 3. A., Berlin 1980.

Wadle, E., Historische Studien zum Urheberrecht in Europa, Stuttgart 1993.

Wadle, E., Preußische Privilegien für Werke der Musik. Ein Kapitel aus der Frühzeit des Urheberrechts 1794-1837. In: M. J. Montoro Chiner, H. Schäffer (Hrsg.), Musik und Recht. Symposion aus Anlaß des 60. Geburtstags von Detlef Merten, Berlin 1998, S. 85 ff.

Wagner, P., Einführung in die Gregorianischen Melodien. Ein Handbuch der Choralwissenschaft, Erster Teil: Ursprung und Entwicklung der liturgischen Gesangsformen bis zum Ausgang des Mittelalters, Wien 1911, S. 80 ff.

Wandtke, A.-A., Bullinger W. (Hrsg.), Praxiskommentar zum Urheberrecht, München 2002.

Wandtke, A.-A., Bullinger W. (Hrsg.), Gesetz zur Regelung des Urheberrechts in der Informationsgesellschaft. Ergänzungsband zum Praxiskommentar zum Urheberrecht, München 2003.

Wandtke, A.-A., Zur kulturellen und sozialen Dimension des Urheberrechts. In: UFITA 123, S. 9.

Weber, H., Die Religionsgemeinschaften als Körperschaften des öffentlichen Rechts im System des Grundgesetzes. In: Schriften zum öffentlichen Recht, Bd. 32, Berlin 1966.

Abkürzungsverzeichnis

A. .... Auflage
a.a.O. .... am angegebenen Ort
AAS............ Acta Apostolicae Sedis
Abs. .... Absatz
ACV ....Allgemeiner Cäcilien-Verband für Deutschland
a.F. .... alte Fassung
AFMA ....Anstalt für musikalische Aufführungsrechte
AfkKR .... Archiv für katholisches Kirchenrecht
AmtlBegr. ..... Amtliche Begründung des Urheberrechtsgesetzes, seiner Entwürfe und Novellierungen
Anm. .... Anmerkung
Art. .... Artikel
Bd. .... Band
BGBl. .... Bundesgesetzblatt
BGH ....Bundesgerichtshof
BGHZ .... Entscheidungen des Bundesgerichtshofs in Zivilsachen
BMJ............. Bundesminister der Justiz
BR ....Bundesrat
BSHG .... Bundessozialhilfegesetz
BVerfG .... Bundesverfassungsgericht
BVerfGE ....Amtliche Sammlung von Entscheidungen des Bundesverfassungsgerichts
BVfG .... Entscheidung Bundesverfassungsgericht bei E. Schulze, Rechtsprechung zum Urheberrecht. Entscheidungssammlung
c. .... canon; Bestimmung im CIC
can./Can. ....Canon; Bestimmung im CIC
CIC .... Codex Iuris Canonici. Kodex des kanonischen Rechts
CIMS .... Consociatio Internationalis Musicae Sacrae
DSB .... Deutscher Sänger-Bund e.V.
d.h. .... das heißt
d.J. ....des Jahres
DM ....Deutsche Mark
EKD ....Evangelische Kirche in Deutschland
EvStL ....Evangelisches Staatslexikon
f. ....folgende

ff. .... fortfolgende
FDP .... Freie Demokratische Partei
FuR .... Film und Recht; seit 1985 Zeitschrift für Urheber- und Medienrecht (ZUM)
GDT .... Genossenschaft Deutscher Tonsetzer
GEMA .... Gesellschaft für musikalische Aufführungs- und mechanische Vervielfältigungsrechte
GG .... Grundgesetz für die Bundesrepublik Deutschland
GRUR .... Gewerblicher Rechtsschutz und Urheberrecht
Halbs. .... Halbsatz
HbStKirchR ... Handbuch des Staatskirchenrechts der Bundesrepublik Deutschland
Hrsg. .... Herausgeber
i.d.F.v. .... in der Fassung vom
IGK .... Internationale Gesellschaft für Neue Kirchenmusik
insbes. .... insbesondere
i.S.v. .... im Sinne von
INTERGU ..... Internationale Gesellschaft für Urheberrecht e.V.
JZ .... Juristenzeitung
KNA .... Katholische Nachrichten-Agentur
KVUM .... Kommission für Verlags-, Urheber- und Medienrecht; Winfried Schulz-Archiv, Institut für Kirchenrecht der Universität Potsdam
LThK .... Lexikon für Theologie und Kirche
lt. .... laut
LUG .... Gesetz betreffend das Urheberrecht an Werken der Literatur und der Tonkunst
MdB .... Mitglied des Deutschen Bundestages
MGG .... Die Musik in Geschichte und Gegenwart. Allgemeine Enzyklopädie der Musik
NJW .... Neue Juristische Wochenschrift
nmz .... Neue Musikzeitung
o.J. .... ohne Jahr
OUA .... Overath Urheberrecht Archiv, Institut für hymnologische und musikethnologische Studien e.V., Köln
Pfg. .... Pfennig
P.S. .... post scriptum
RGBl. .... Reichsgesetzblatt
S. .... Seite
S. .... (nach § und Abs.) Satz

sog. .... sogenannt
Sp. .... Spalte
SPD .... Sozialdemokratische Partei Deutschlands
sts. .... seitens
SGRUM .... Schriften zum gewerblichen Rechtsschutz, Urheber- und Medienrecht
STAGMA ...... Staatlich genehmigte Gesellschaft zur Verwertung musikalischer Urheberrechte
StdZ .... Stimmen der Zeit, Monatszeitschrift für das Geistesleben der Gegenwart
SUISA .... Schweizerische Gesellschaft für die Rechte der Urheber musikalischer Werke
u.a. .... unter anderem
u. E. .... unseres Erachtens
UFITA .... Archiv für Urheber-, Film-, Funk- und Theaterrecht
UrhG .... Gesetz über Urheberrecht und verwandte Schutzrechte (Urheberrechtsgesetz)
UrhWG .... Gesetz über die Wahrnehmung von Urheberrechten und verwandten Schutzrechten (Urheberrechtswahrnehmungsgesetz)
URG .... Urheberrechtsgesetz eines Staates
v. .... vom
v. .... (vor Namen) von
Vorw. .... Vorwort
WeimRVerf .... Weimarer Reichsverfassung
Ziff. .... Ziffer
ZUM .... Zeitschrift für Urheber- und Medienrecht; vor 1985 Film und Recht (FuR)

Adnotationes in Ius Canonicum

Herausgegeben von Elmar Güthoff und Karl-Heinz Selge

Band 1 Anton Morhard: Die gerichtliche Berufung im kanonischen Recht. Eine Analyse des klassischen remedium iuris. 1995.

Band 2 Elmar Güthoff (Hrsg.): Der Schutz des geistigen Eigentums in den Schriften von Winfried Schulz. Festgabe für Theodor Schmitz zur Vollendung des 80. Lebensjahres. 1997.

Band 3 Richard Puza/Andreas Weiß (Hrsg.): Iustitia in caritate. Festgabe für Ernst Rößler zum 25jährigen Dienstjubiläum als Offizial der Diözese Rottenburg-Stuttgart. 1997.

Band 4 Ernst Freiherr von Castell: Alkoholismus in der Rechtsprechung der Rota Romana. 1997.

Band 5 Burghard Pimmer-Jüsten: Facultas vel licentia imponendi tributa sacerdotibus. Partikularrechtliche Untersuchung zu den diözesanen "Pflichtabgaben" der Kleriker. 1997.

Band 6 Jürgen Olschewski: Das Recht auf Sakramentenempfang. Zur Entwicklung eines Fundamentalrechtes der Gläubigen vom Konzil von Trient bis zur Gegenwart. 1998.

Band 7 Martin Grichting: Die Umschreibung der Diözesen. Die Kriterien des II. Vatikanischen Konzils für die kirchliche Zirkumskriptionspraxis. 1998.

Band 8 Cesare Mirabelli/Giorgio Feliciani/Carl Gerold Fürst/Helmuth Pree (Hrsg.): Winfried Schulz in memoriam. Schriften aus Kanonistik und Staatskirchenrecht. 1999.

Band 9 Christoph Kühn: Die Rechtsbeziehungen des Heiligen Stuhls zum Europarat. 1999.

Band 10 Peter Stockmann: Außerordentliche Gemeindeleitung. Historischer Befund – Dogmatische Grundlegung – Kirchenrechtliche Analyse – Offene Positionen. 1999.

Band 11 Jürgen Cleve: Inkompatibilität und Kumulationsverbot. Eine Untersuchung zu c. 152 CIC/1983. 1999.

Band 12 Karl-Heinz Selge: Ehe als Lebensbund. Die Unauflöslichkeit der Ehe als Herausforderung für den Dialog zwischen katholischer und evangelisch-lutherischer Theologie. 1999.

Band 13 Elmar Güthoff / Karl-Heinz Selge (Hrsg.): Der Staat der Vatikanstadt, der Heilige Stuhl und die Römische Kurie in den Schriften von Winfried Schulz. Città del Vaticano, Santa Sede e Curia Romana negli Scritti di Winfried Schulz. Franz X. Walter zur Vollendung des 70. Lebensjahres. 1999.

Band 14 Hermann Kahler: Absentia consensus. Der fehlende Mindestwille zur Ehe als Ehenichtigkeitsgrund. 1999.

Band 15 Nikolaus Schöch: Die kirchenrechtliche Interpretation der Grundprinzipien der christlichen Anthropologie als Voraussetzung für die eheprozessrechtliche Beurteilung der psychischen Ehekonsensunfähigkeit. Eine kanonistische Studie unter besonderer Berücksichtigung der päpstlichen Allokutionen und der Judikatur der Römischen Rota. 1999.

Band 16 Michael Landau: Amtsenthebung und Versetzung von Pfarrern. Eine Untersuchung des geltenden Rechts unter besonderer Berücksichtigung der Rechtsprechung der Zweiten Sektion des Höchsten Gerichts der Apostolischen Signatur. 1999.

Band 17 Paul Weibel: Das Selbstbestimmungsrecht der römisch-katholischen Kirche. Eine staatskirchenrechtliche Studie am Beispiel des Kantons Schwyz. 2003.

Band 18 Stefan Korta: Der katholische Kirchenvertrag Sachsen. 2001.

Band 19 Jürgen Wätjer: Das katholische Domkapitel zu Hamburg von den Anfängen bis zur Reformation und seine Wiedererrichtung 1996. Eine kanonistische Untersuchung. 2001.

Band 20 Bernd Matecki: Der Traktat *In primis hominibus*. Eine theologie- und kirchenrechtsgeschichtliche Untersuchung zu einem Ehetext der Schule von Laon aus dem 12. Jahrhundert. Anhang: Edition des Traktates *In primis hominibus*. 2001.

Band 21 Stefan Gatzhammer: Der Souveränitätsanspruch des Apostolischen Stuhles in päpstlichen Lehraussagen und in der Kanonistik von 1846 bis 1978. 2001.

Band 22 Andreas Franitza: Das Domkapitel zu Hildesheim in der Zeit zwischen Preußenkonkordat (1929) und Niedersachsenkonkordat (1965) und seine Statuten von 1984. 2001.

Band 23 Péter Erdö: Die Quellen des Kirchenrechts. Eine geschichtliche Einführung. 2002.

Band 24 Rüdiger Althaus / Rosel Oehmen-Vieregge / Jürgen Olschewski (Hrsg.): Aktuelle Beiträge zum Kirchenrecht. Festgabe für Heinrich J. F. Reinhardt zum 60. Geburtstag. 2002.

Band 25 Hartmut Zapp / Andreas Weiß / Stefan Korta (Hrsg.): Ius Canonicum in Oriente et Occidente. Festschrift für Carl Gerold Fürst zum 70. Geburtstag. 2003.

Band 26 Johnson Michael Kallidukil: The Canonical Significance of the Synod of Bishops of 1994 on Consecrated Life. From the *Lineamenta* to the *Vita consecrata*. 2003.

Band 27 Hubert Schiepek: Der Sonntag und kirchlich gebotene Feiertage nach kirchlichem und weltlichem Recht. Eine rechtshistorische Untersuchung. 2003.

Band 28 Andreas Weiß / Stefan Ihli (Hrsg.): Flexibilitas Iuris Canonici. Festschrift für Richard Puza zum 60. Geburtstag. 2003.

Band 29 Benita von Beyme: Die Baulast für das Freiburger Münster. 2003.

Band 30 Nikolaus Schöch: Festlegung, Änderung und Konformität von Klagegründen im kanonischen Eheprozess. 2003.

Band 31 Andreas Weiß / Stefan Ihli (Hrsg.): Kulturgutschutz und Kirche, Bibel und Kirchenrecht. Symposion und Festakt anlässlich des 60. Geburtstags von Professor Dr. Richard Puza. 2004.

Band 32 Stefan Lunze: The Protection of Religious Personnel in Armed Conflict. 2004.

Band 33 Christian Kröber: Zur Bedeutung der urheberrechtlichen Vergütungspflicht von kultischer Kirchenmusik in Deutschland. 2004.

www.peterlang.de

Isabella Rudes

Urheberrechte an Werken der angewandten Kunst in der Europäischen Gemeinschaft

Die Lücke im gemeinschaftsweiten Urheberrechtsschutz der Werke der angewandten Kunst

Frankfurt am Main, Berlin, Bern, Bruxelles, New York, Oxford, Wien, 2001.
LI, 184 S., 11 Abb.
Europäische Hochschulschriften: Reihe 2, Rechtswissenschaft. Bd. 3156
ISBN 3-631-37883-1 · br. € 43.–*

Die Arbeit beschäftigt sich mit dem Urheberrechtsschutz von Werken der angewandten Kunst in Deutschland und in den Gründerstaaten der Europäischen Wirtschaftsgemeinschaft sowie Großbritannien und analysiert, ob in Europa ein ausreichender Schutz für derartige Werke gegeben ist. Ferner werden die Zukunft des Designschutzes in Europa und der aktuelle Stand europarechtlicher Initiativen zur Vereinheitlichung des Schutzes der angewandten Kunst dargestellt. Schwerpunkt der Untersuchung ist die Auseinandersetzung mit der Lehre der gemeinschaftsweiten Erschöpfung und der Frage, welche einzelstaatlichen Verpflichtungen sich aus Artikel 10 EGV ergeben, insbesondere, ob ein einzelner EG-Mitgliedstaat seine Rechtsordnung aufgrund EG-vertraglicher Treuepflicht einem Mindeststandard in anderen Mitgliedstaaten anpassen muß.

Aus dem Inhalt: Urheberrecht · Schutz von Werken der angewandten Kunst · Vergleich der europäischen Urheberrechtssysteme · Europäische Harmonisierung des Schutzes von Werken der angewandten Kunst · Geschmacksmusterrichtlinie · Lehre der gemeinschaftsweiten Erschöpfung · EG-vertragliche Anpassungspflicht

FSC
www.fsc.org
MIX
Papier | Fördert
gute Waldnutzung
FSC® C083411

Kolibri 360 GmbH
Ferdinand-Jühlke-Straße 7
99095 Erfurt, Deutschland
produktsicherheit@kolibri360.de

Druck:
CPI Druckdienstleistungen GmbH
im Auftrag der
Kolibri 360 GmbH
Ferdinand-Jühlke-Str. 7
99095 Erfurt